Andrea Erkert

Weniger ICH, mehr WIR

Wie Kinder durch tolle „Aha"-Erlebnisse prosoziales Verhalten lernen und alle gewinnen

Andrea Erkert

Weniger ICH, mehr WIR

Wie Kinder durch tolle „Aha"-Erlebnisse prosoziales Verhalten lernen und alle gewinnen

Unser Buchprogramm im Internet: www.verlag-modernes-lernen.de

Externe Links
Der Verlag weist ausdrücklich darauf hin, dass eventuell im Text enthaltene externe Links vom Verlag nur bis zum Zeitpunkt der Buchveröffentlichung eingesehen werden konnten. Auf spätere Veränderungen hat der Verlag keinerlei Einfluss. Eine Haftung des Verlages ist daher ausgeschlossen.

Folgen Sie uns auf  

Veröffentlicht in der Edition:
verlag modernes lernen Borgmann GmbH & Co. KG
Schleefstraße 14 · D-44287 Dortmund

Gesamtherstellung in Deutschland: Löer Druck GmbH, Dortmund

Titelillustration: © iostephy.com – stock.adobe.com
Schrift: Alegreya Sans

Bestell-Nr. 1322 ISBN 978-3-8080-0892-8

Inhalt

Vorwort

Sie haben den Eindruck, dass manche Kinder in Ihrer Kindergruppe noch sehr an sich denken, keine Rücksicht auf die Bedürfnisse anderer nehmen, Spiel-, Mal- und Bastelsachen ungern teilen und in bestimmten Situationen immer nur ihren Kopf durchsetzen wollen?

Zunächst einmal die gute Nachricht: Jüngere Kinder sind aufgrund ihrer Entwicklung noch sehr auf sich selbst bezogen. Sie können nicht wirklich verstehen, dass ihr Verhalten Nachteile für die anderen haben könnte.

Es liegt also auf der Hand, dass Empathie, Mitgefühl und prosoziales Verhalten nicht von heute auf morgen gelernt werden kann. Deshalb brauchen Kinder soziale Kontakte zu Gleichaltrigen. Dabei kann es vorkommen, dass manche Kinder nicht gerade zimperlich mit anderen und deren Sachen umgehen. Indem jedoch ein solches Verhalten in der Regel nicht gerade auf Gegenliebe stößt, merken Kinder rasch, dass die Welt sich nicht nur um sie selbst dreht. Als Vorbild sollten Sie in solchen Fällen viel Mitgefühl gegenüber den davon betroffenen Kindern zeigen und somit auch ein eindeutiges Stoppsignal setzen, bevor ein Konflikt eskaliert.

Auf dem Weg „vom Ich zum Wir" gibt es also auch Stolpersteine, die jedoch gemeinsam überwunden werden können. Mithilfe der Spiele und anderer Angebote aus diesem Praxisbegleiter können bereits Kindergartenkinder sehr viel an Empathie und Mitgefühl gewinnen und dabei ein Gefühl für Fairness und ein gutes Miteinander entwickeln.

Ich möchte Sie nun gemeinsam mit Ihrer Kindergruppe dazu einladen, die nachfolgenden Praxisideen einfach auszuprobieren.

Viel Freude und Erfolg

wünscht

Andrea Erkert

„Die Quelle alles Guten liegt im Spiel."

Friedrich Wilhelm August Fröbel (1782–1852), deutscher Reformpädagoge, Begründer des Kindergartens und Schüler Pestalozzis

Zu den Praxisideen aus diesem Buch

Das vorliegende Buch bietet einen reichhaltigen Ideenschatz an Spielen und anderen Angeboten, bei denen Kinder im Alter von 3 bis 6 Jahren viel Empathie und Mitgefühl entwickeln und ihre sozialen Kompetenzen trainieren können. Mithilfe der Praxisideen können die Kinder ihre eigenen Fähigkeiten und das, was ein gutes Miteinander letztendlich ausmacht, auf verspielte Weise bewusst kennenlernen.

Sämtliche Spiele und anderen Angebote können gut in den Tagesablauf integriert und jederzeit in der Praxis durchgeführt werden. Für eine rasche Orientierung wurden sie je nach Inhalt den sieben Kapitelthemen zugeordnet, die allesamt stets mit relevanten Hinweisen für die Praxis starten.

Einige der Praxisideen eignen sich bereits für Kinder ab dem 3. Lebensjahr.
Die übrigen Spiele und andere Angebote sind für ältere Kinder gedacht und dementsprechend auch etwas anspruchsvoller. Die Altersangaben vor den einzelnen Praxisideen sind jedoch genauso wie die Angaben zum Zeitaufwand lediglich als Orientierungshilfe zu verstehen. Darüber hinaus werden Angaben zum Spielort und zu den benötigen Materialen, falls überhaupt erforderlich, gemacht.

Anzumerken ist, dass es bei allen Praxisideen stets um ein gutes soziales Miteinander geht, sodass Sie in diesem Buch vor allem Spiele ohne Sieger und Verlierer vorfinden werden. Bei manchen Spielen wird jedoch als Team gegen die Zeit oder ein anderes Team gespielt, was wiederum enorm den Wir-Gedanken stärkt.

Ziel ist es, dass die Kinder eine gute Selbst- und Fremdwahrnehmung aufbauen, Gruppenregeln einhalten, sich gegenseitig zuhören, miteinander kommunizieren, aufeinander achten, füreinander da sein, sich gegenseitig helfen, gemeinsam teilen, an einem Strang ziehen und nicht zuletzt miteinander fair streiten lernen.

Werden die Spiele und Angebote regelmäßig durchgeführt, dann kann das, was die Kinder daraus lernen sollen, besonders leicht im Gedächtnis haften bleiben. Dies wiederum wirkt sich nicht nur positiv auf das Gruppenklima, sondern auch auf das persönliche Weiterkommen aus, sodass alle davon profitieren können.

„Im Grunde sind es doch die Verbindungen mit Menschen, die dem Leben seinen Wert geben."

Wilhelm von Humboldt (1767–1835), preußischer Gelehrter, Schriftsteller und Staatsmann

Gemeinsam verschieden: Ich, Du und Wir

Spielregeln für ein gemeinschaftliches Miteinander finden

Emotionale Intelligenz ist eine wichtige Eigenschaft, um den Schmerz, die Freude, Sorgen oder Hoffnungen bei anderen zu erkennen, aber auch die Motive, die dahinter stecken können, zu verstehen, sodass man dann entsprechend darauf empathisch reagieren und eingehen kann. „Sich-in-andere-hineinversetzen" ist also eine wertschätzende soziale Begabung, die jedoch nicht von klein auf vorhanden ist. Aus diesem Grund brauchen Kinder vor allem auch viel Übung und Zeit, um sich über ihre eigenen Gefühlszustände bewusst zu werden.

In diesem Kapitel sollen die Kinder auf verspielte Weise unter anderem ihre eigenen Gefühle wahrnehmen, erkennen und benennen sowie ihren Blick für den momentanen Gefühlszustand anderer Kinder schärfen lernen. Indem sie z. B. in verschiedene Rollen schlüpfen und dabei die Perspektive der anderen übernehmen, merken sie rasch, wo der Spaß aufhört und ein ernsthafter Konflikt entstehen kann. Miteinander sollen sie ins Gespräch kommen und überlegen, welche Verhaltensweise förderlich für die Gruppe sind. Auf dieser Grundlage sollen sie dann gemeinsam die Gruppenregeln vereinbaren, die positiv formuliert viel leichter eingehalten und schneller im Gedächtnis haften bleiben können. Auf diese Weise sind die Kinder nicht nur motiviert und interessiert, sich prosozial zu verhalten, sondern auch bei Regelverstößen die Konsequenzen zu tragen, die wiederum alle Kinder für den Fall der Fälle zuvor gemeinsam festlegen sollten.

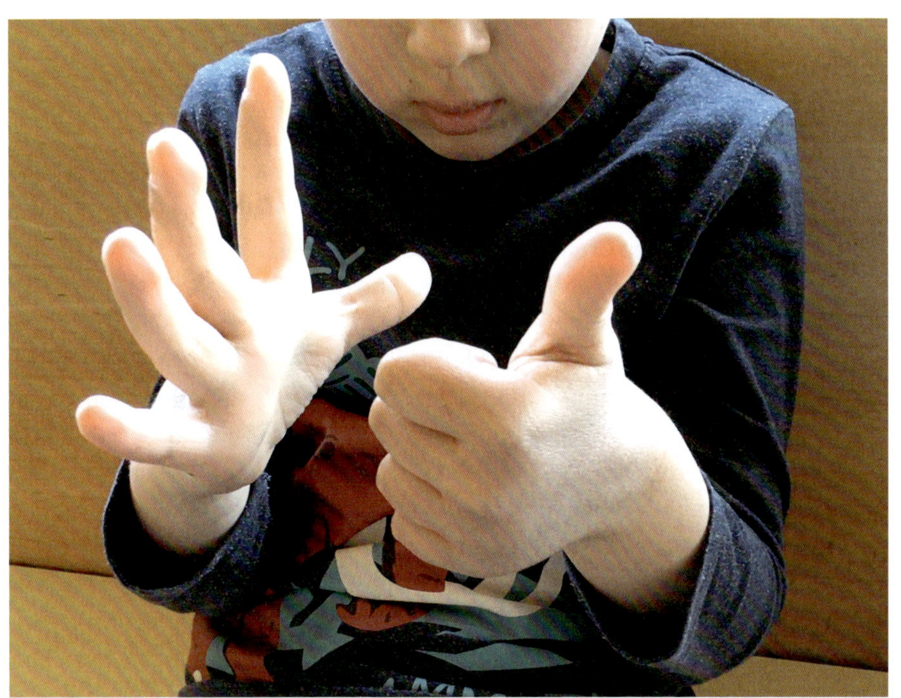

„Nicht Worte sollen wir lesen, sondern den Menschen, den wir hinter den Worten fühlen."

Samuel Butler (1835–1902), britischer Schriftsteller, Komponist, Philologe, Maler und Gelehrter

Die innere Ampel

Alter: ab 3 Jahren

Material: jede Menge runde Faltblätter in Gelb, Rot und Grün

Zeitaufwand: 5 Minuten

Spielort: Tischspiel

Spielverlauf:
Zu Beginn ordnen Sie auf einem Tisch so wie bei einer Ampel je drei Stapel runder Faltblätter in den Farben Grün, Gelb und Rot an.
Die Kinder setzen sich um den Tisch herum und dürfen auf Ihre Bitte hin erzählen, wie es ihnen heute morgen ergangen ist. Was haben sie bereits gemacht? Die Kinder berichten nacheinander kurz darüber. Danach dürfen sie noch erzählen, wie sie sich gerade fühlen und passend dazu einen farbigen Kreis von einem der drei Stapeln nehmen. Die Farbe Grün steht für eine gute Stimmung, Gelb drückt weder ein gutes noch schlechtes Gefühl aus und die Farbe Rot deutet auf eine Wut im Bauch oder andere Sorgen hin, die gerade nicht so leicht zu verkraften sind.
Erst wenn alle Kinder jeweils ein rundes Farbblatt in den Händen halten, schauen sie sich in der Runde um. Diejenigen Kinder, die ein rotes Faltblatt haben, dürfen sich nun, falls sie es möchten, dazu äußern. Währenddessen überlegen alle Kinder, ob und wie sie vielleicht dem betreffenden Kind, das gerade das Wort hat, weiterhelfen können.
Ziel ist es, dass die Kinder ihre momentanen Gefühle erkennen, darüber sprechen und im Dialog mit den anderen vielleicht auch Kinder erkennen, die sich in einer ähnlichen Situation wie sie selbst befinden. Dabei lernen sie, sich gegenseitig zuzuhören, die Sorgen und Nöte anderer zu verstehen und ihnen gegebenenfalls auch Hilfsangebote zu machen.

Jeder von uns hat eine Art innere Ampel. Bei Rot geht's den Kindern alles andere als gut. Sie sind vielleicht wütend, traurig oder ängstlich. Schaltet die Ampel auf Gelb, wissen sie nicht so richtig, was los ist. Es geht ihnen weder gut noch schlecht. Bei Grün jedoch ist alles im wahrsten Sinne des Wortes im grünen Bereich, sodass sie sich einfach nur noch happy fühlen und somit glücklich sind.

Deine, meine, unsere Gefühle?

Alter: ab 4 Jahren

Material: jede Menge Steine, ein paar Chiffontücher

Zeitaufwand: 5 Minuten

Spielort: Stuhlkreis

Spielverlauf:
Die Kinder sitzen zusammen im Kreis, in dessen Mitte Sie auf ein paar Chiffontüchern jede Menge Steine legen.
Eines der Kinder, das sich per Handzeichen meldet und Sie namentlich benennen, geht in Richtung Kreismitte, um sich einen Stein zu holen. Danach setzt es sich wieder auf seinen Platz zurück und berichtet der Gruppe, falls es möchte, wie es sich gerade fühlt. Sollte es dem Kind momentan nicht so gut gehen, können Sie und die übrigen Kinder das Kind z. B. auf andere Gedanken bringen, durch Worte aufmuntern oder ihm einen Vorschlag machen, was es dagegen tun kann. Unabhängig davon, geht dann dasjenige Kind in Richtung Kreismitte, das links neben dem vorherigen Kind sitzt. Es holt sich ebenfalls einen Stein und berichtet, sobald es wieder auf seinem Platz sitzt, wie es sich gerade fühlt.
Auf diese Weise geht's immer weiter, bis alle Kinder jeweils einen Stein in den Händen halten. Machen Sie den Kinder anhand der Steine bewusst, dass jedes Kind so einzigartig wie ein Stein ist. Obwohl heute alle im Stuhlkreis beisammen sitzen und somit gerade das Gleiche tun, können sie sich unterschiedlich fühlen.

Im Morgenkreis treffen sich Kinder, die sich unterschiedlich fühlen können. Manche Kinder sind putzmunter und vergnügt und andere vielleicht nicht so gut gelaunt, weil sie vielleicht noch müde sind. Darunter können jedoch auch Kinder sein, die Probleme und Sorgen haben, die so schwer wie ein Stein im Bauch liegen können und deshalb einfach ein offenes Ohr und manchmal sogar ein Hilfsangebot gut gebrauchen können.

Ich weiß, was du fühlst

Alter: ab 3 Jahren

Material: 3 Pappteller und Wachsmalstifte

Zeitaufwand: 5–10 Minuten

Spielort: Stuhlkreis

Vorbereitung:
Zeichnen Sie auf jeweils einen Pappteller einen fröhlichen, traurigen und wütenden Gesichtsausdruck.

Spielverlauf:
Die Kinder sitzen zusammen im Stuhlkreis, in dessen Mitte Sie die drei Pappteller platzieren. Eines der Kinder, das Sie auswählen, geht in Richtung Kreismitte und stellt passend zu einem aufgemalten Gesichtsausdruck pantomimisch das Gefühl dar, das nun alle sofort nachahmen. Wer weiß, wie der dargestellte Gefühlszustand heißt? Die Kinder geben der Reihe nach im Uhrzeigersinn einen Tipp ab. Und wer weiß, um welches aufgemalte Gesicht es sich hierbei gehandelt hat? Zur Kontrolle geht eines der Kinder, dass das Kind auswählt, in Richtung Kreismitte, um den vermuteten Pappteller herzuzeigen.
Wurde der richtige Pappteller ausgewählt, darf das Kind auf die gleiche Weise eine neue Spielrunde startet, sobald das vorherige Kind wieder auf seinem Platz sitzt. Ansonsten wählt das Kind ein anderes aus, das die Aufgabe richtig durchführen darf.
Nach ein paar Durchgängen ist das Spiel jedoch beendet.

Variante:
Im Gegensatz zu dem vorherigen Spiel beschreibt eines der Kinder im Stuhlkreis ein Gefühl, das eines der drei aufgemalten Gesichter widerspiegelt. Die Kinder geben im Uhrzeigersinn einen Tipp ab, bevor das Kind in Richtung Kreismitte geht und den vermuteten Pappteller herzeigt. Das Kind kann dann die Antwort bestätigen oder nicht.
Unabhängig davon, wählt es ein anderes Kind aus, das es ihm gleichtut und somit ein Gefühl beschreibt, das zu einem aufgemalten Gesicht passt.
Auf diese Weise wird das Spiel ein paarmal fortgesetzt.

Gefühle, wie traurig, fröhlich und wütend, können durch Mimik und Gestik, aber auch durch die Körperhaltung unterschiedlich dargestellt werden. Wer traurig ist, kann z. B. im Eck sitzen und den Kopf hängen lassen oder so wie ein „Schlosshund“ heulen. Ein Gefühl darstellen und auf einem Bild wiederkennen, ist deshalb nicht immer so einfach, sodass es dafür einfach etwas Übung bedarf.

So geht glücklich sein

Alter: ab 5 Jahren

Material: 6 unbedruckte Bierdeckel, 1 Stift

Zeitaufwand: 3–5 Minuten

Spielort: Tisch

Vorbereitung:
Schreiben Sie auf jeden Bierdeckel ein bestimmtes Gefühl, wie z. B. fröhlich, traurig, wütend, erschrocken, überrascht und müde auf. Die Bierdeckel legen sie verdeckt auf einen Tisch, um den die Kinder sich herumsetzen.

Spielverlauf:
Eines der Kinder dreht einen Bierdeckel um, auf dem Sie das, was auf dem Bierdeckel steht, vorlesen. Sollte z. B. das Wort „traurig" auf dem Bierdeckel stehen, dann darf das Kind den Gefühlszustand darstellen, indem es z. B. so tut, als ob es weinen würde. Dabei kann es sich die Augen reiben, ganz laut schluchzen und so tun, als ob es die Nase mit einem Taschentuch putzen würde. Anschließend dreht es den Bierdeckel wieder um und bittet ein anderes Kind, das sich per Handzeichen meldet, entweder den gleichen oder einen neuen Bierdeckel umzudrehen, damit es auch das, was auf dem Bierdeckel steht, pantomimisch darstellen kann.

Hinweis:
Es empfiehlt sich, erst das vorherige Spiel „Ich weiß, was du fühlst" (s. S. 16) durchzuführen, bevor so wie hier weitere Gefühle dazukommen.

Wie sehen wir aus und was machen wir, wenn wir z. B. fröhlich und glücklich sind? Das Kind kann z. B. einen Luftsprung machen, lachen oder gar ein anderes Kind vor lauter Freude umarmen. Bei diesem Spiel sollen die Kinder erkennen, dass Freude und Glück genauso wie Wut, Angst & Co. unterschiedlich gezeigt und von anderen wahrgenommen werden können.

Wie du dich wohl fühlst?

Alter: ab 4 Jahren

Material: 1 Softball, für jedes Kind 1 rotes und grünes rundes Faltblatt

Zeitaufwand: 5 Minuten

Spielort: Kreis

Spielverlauf:
Alle Kinder sitzen mit gegrätschten Beinen auf der Kreisbahn. Jedes Kind erhält von Ihnen ein rotes und grünes rundes Faltblatt. Holen Sie sich nun einen Ball und setzen Sie sich zwischen zwei Kindern auf die Kreisbahn hin. Rollen Sie nun einem Kind den Ball zu und formulieren Sie einen Satz, der ein Gefühl beinhaltet. Dementsprechend können Sie z. B. sagen:

„Ich habe eine große Wut im Bauch!“

In diesem Fall darf dasjenige Kind, dem sie soeben den Ball zugerollt haben, das rote runde Faltblatt herzeigen, welche das negative Gefühl symbolisiert.
Wurde die richtige Farbe ausgewählt, rollt es den Ball wieder zu Ihnen zurück. Ansonsten übergibt das Kind den Ball demjenigen Kind, das links neben ihm auf der Kreisbahn sitzt, das dann an der Reihe ist.
Sobald Sie jedoch den Ball wieder in den Händen halten, wählen Sie ein weiteres Kind aus, dem Sie den Ball zurollen und dabei z. B. sagen:

„Ich freue mich, dass ich heute hier im Kreis mitmachen darf!“

Passend dazu soll das Kind nun das grüne runde Faltblatt herzeigen.
Auf diese Weise geht's immer weiter, bis jedes Kind an der Reihe gewesen ist.

Mithilfe dieses Spielangebots sollen die Kinder anhand von Gefühlen, die lediglich in einem Satz benannt werden, überlegen, wie sich eine andere Person vielleicht gerade fühlen kann. Auf diese Weise lernen sie, sich in andere hineinzuversetzen und füreinander da zu sein.

Ich möchte, dass wir ...

Alter: ab 5 Jahren

Material: 1 Handtrommel

Zeitaufwand: 5 Minuten

Spielort: Gruppenraum

Spielverlauf:
Die Kinder verteilen sich im Gruppenraum.
Zum Rhythmus des Trommelspiels, das durch Sie erfolgt, gehen alle Kinder kreuz und quer im Gruppenraum herum. Das geht so lange, bis Sie einen kräftigen Trommelschlag machen. Daraufhin bilden die Kinder Paare. Sollte jedoch eine ungerade Anzahl an Kindern mitmachen, spielen Sie selbst einfach mit. Immer zwei Kinder stellen sich voreinander oder setzen sich z. B. auf eine Bank, um sich dann zueinander zu wenden. Sie schauen sich gegenseitig in die Augen und überlegen sich positive Verhaltensweise, die sie gerne befolgen wollen und mit einem Handschlag besiegeln dürfen. Dabei können sie z. B. sagen:

„Ich möchte, dass wir ...

– uns gegenseitig zuhören!“
– uns ausreden lassen!“
– uns freundlich begegnen!“
– gegenseitig Rücksicht nehmen!“
– sagen, wenn uns etwas stört!“

Kurz darauf setzt das Trommelspiel wieder ein, zu dem alle Kinder einzeln im Takt auf dem Spielfeld herumgehen. Das geht so lange, bis Sie wieder durch einen kräftigen Trommelschlag das Spiel beenden und die Kinder erneut Paare bilden, um sich gegenseitig prosoziale Verhaltensweisen mitzuteilen.
Auf diese Weise finden ein paar weitere Spielrunden statt.

Bei diesem Bewegungsspiel sollen die Kinder zueinander finden und sich Gedanken über positive Verhaltensweisen machen, die sie sich „face to face“ gegenseitig mitteilen dürfen. Indem sie sich gegenseitig die Hand geben, erklären sie sich damit einverstanden.

Verhaltensregeln - Was uns wichtig ist

Alter: ab 5 Jahren

Material: 1 Handtrommel, ein paar Papierschnipsel und 1 Stift

Zeitaufwand: 3–5 Minuten

Spielort: Stuhlkreis

Spielverlauf:
Während alle Kinder einen Stuhlkreis bilden, holen Sie sich eine Handtrommel, die Sie umgedreht in die Kreismitte legen.
Die Kinder sollen nun herausfinden, welche Verhaltensregeln in der Gruppe unerlässlich sind. Geben Sie ein Beispiel, indem Sie z. B. sagen:

„Ich finde es gut, wenn wir ‚Hallo!' sagen und uns freundlich begegnen!"

Die Kinder applaudieren, falls sie damit einverstanden sind. Schreiben Sie nun ein Stichwort, wie „freundlich sein" auf einen Papierschnipsel, den Sie in die Trommel legen. Sollte jedoch jemand anderer Meinung sein, tauschen sich die Kinder untereinander aus. Unabhängig davon, darf nun ein anderes Kind, das möchte, einen neuen Satz bilden, indem es z. B. sagt:

„Ich möchte gerne, dass wir aufeinander Rücksicht nehmen!"

Erst wenn wieder alle applaudieren und somit damit einverstanden sind, schreiben Sie ein dazu passendes Stichwort, wie z. B. „Rücksicht nehmen" auf einen Papierschnipsel, den das Kind in die Trommel legen darf.
Es geht so immer weiter, bis jedes Kind sich dazu äußern konnte.
Im Anschluss holen Sie sich die Trommel mit den Papierschnipseln, die Sie zur Seite legen und der Reihe nach vorlesen. Nach jedem Satz erfolgt ein Trommelschlag. Das ist das Zeichen für die Gruppe, zu klatschen und letztendlich dafür noch einmal ihre ausdrückliche Zustimmung zu geben.

Indem die Kinder prosoziale Verhaltensweisen nicht nur benennen, sondern auch schriftlich festlegen, erkennen sie allein schon durch die Anzahl an Zetteln, dass es einige wichtige Verhaltensregeln gibt, die für das gute Miteinander in der Gruppe unerlässlich sind und unbedingt eingehalten werden sollten.

Blütenblätter

Alter: ab 4 Jahren

Material: 1 Kopiervorlage s. S. 27, Buntstifte

Zeitaufwand: 10 Minuten

Spielort: Tisch

Spielverlauf:
Die Kinder holen sich jeweils einen Buntstift und setzen sich um einen Tisch herum. Eines von ihnen erhält von Ihnen ein ausgedrucktes Arbeitsblatt, auf dem eine Pflanze mit lediglich einem Blütenblatt abgebildet ist. Die übrigen Kinder begrüßen nun das Kind, indem sie Folgendes sagen:

„Der/ Die ... (Vornamen des Kindes einsetzen) ist heute da!
Wir freuen uns sehr und rufen laut Hurra!"

Daraufhin darf das Kind ein Blütenblatt so wie das erste zeichnen, indem es einen Rundbogen macht. Danach schiebt es das Blatt Papier einen Platz nach links auf dem Tisch weiter, sodass das Spiel auf die gleiche Weise mit dem nächsten Kind fortgesetzt werden kann.
Auf diese Weise geht's immer weiter, bis alle Kinder an der Reihe gewesen sind und eine Pflanze mit vielen Blütenblättern entstanden ist.
Im Anschluss daran dürfen die Kinder, falls sie möchten, kurz sagen, wie es ihnen dabei ergeht, wenn sie genauso wie jedes Blütenblatt einer Pflanze ein wichtiger Teil der Gruppe sein dürfen. Darüber hinaus können Sie noch erwähnen, dass Sie selbst auf dem Blatt Papier das erste Blütenblatt darstellen und froh sind, die Gruppe leiten und letztendlich dazugehören zu dürfen.

Tipp:
Besonders schön ist es, wenn Sie die Pflanze mit allen Blütenblättern für jedes Kind kopieren, sodass jedes Kind auch die Blütenblätter der anderen bunt ausmalen kann.

Blütenblätter (Kopiervorlage)

Jedes Kind ist ein wichtiger Teil der Gruppe und darf nun ein weiteres Blütenblatt zeichnen.

Unsere Verhaltensregeln – So sehen sie aus

Alter: ab 3 Jahren

Material: 1 Fotokamera, 1 Drucker, 1 DIN-A3-Mappe

Zeitaufwand: 10 Minuten

Spielort: Stuhlkreis

Spielverlauf:
Wie sollten wir miteinander umgehen, damit sich alle in der Gruppe wohl und dazugehörig fühlen? Die Kinder sitzen zusammen im Stuhlkreis und überlegen, welches Verhalten für ein gutes Miteinander förderlich ist. Alle tauschen ihre Ideen aus. Dabei können Sie z. B. sagen: „Ich gehe freundlich mit anderen um!" Auf Ihre Anweisung hin dürfen die Kinder dann darstellen, wie sie sich z. B. gegenseitig freundlich „Hallo!" sagen und sich die Hände geben. Während die Kinder das tun, machen sie ein Foto, auf dem das positive Verhalten zu erkennen ist.
Auf diese Weise entstehen noch vier bis fünf weitere Fotos mit den wichtigsten Verhaltensregeln.
Im Anschluss daran drucken Sie alle Fotos auf DIN A4 vergrößert aus, die Sie in einer Mappe aufbewahren. Auf diese Weise können Sie jederzeit die Fotos herausholen, damit die Kinder sich immer wieder aufs Neue die wichtigsten Verhaltensregeln vergegenwärtigen können.

Weitere Beispiele:

„Wir ...

- hören einander zu und lassen uns ausreden!"
- helfen Schwächere!"
- streiten fair miteinander!"
- gehen mit den Spielsachen gut um!"
- räumen unsere Sachen auf!"
- verhalten uns so, wie wir auch gerne selber behandelt werden möchten."

Freundlich zueinander sein, pfleglich mit Sachen umgehen, sich gegenseitig helfen, fair streiten und, falls nötig, auch trösten und einfach füreinander da sein, sind Beispiele für grundlegende Verhaltensregeln, die fotografisch mit Zustimmung der Erziehungsberechtigten festgehalten und so von den einzelnen Kindern besonders gut verinnerlicht werden können.

Regel Symbole

Alter: ab 3 Jahren

Material: 1 DIN-A3-Blatt Papier

Zeitaufwand: 10 Minuten

Spielort: Tisch

Spielverlauf:
Besprechen Sie mit den Kindern gemeinsam, welches Verhalten sich positiv auf das gute Miteinander auswirkt. Wurde ein Verhalten, wie z. B. „freundlich sein" gefunden, überlegt sich die Gruppe ein dazu passendes Symbol, das eines der Kinder auf das Papier malen darf, wie in diesem Fall z. B. ein Herz. Hinter das Herz-Symbol schreiben Sie dann ein Stichwort, wie z. B. freundlich.
Das Gleiche machen Sie auch mit weiteren Verhaltensregeln. Damit jedoch die Kinder sich die Symbole gut einprägen und wissen, was sie bedeuten, deuten Sie nun auf ein beliebiges Symbol, wie z. B. das Ohr.
Daraufhin rufen alle Kinder laut „Zuhören!". Danach deuten Sie noch einmal auf das gleiche Symbol oder auf ein anderes, wie z. B. das Herz, das in diesem Fall auf das „Freundlichsein!" hinweist.
Auf diese Weise geht's noch ein paarmal weiter.
Im Anschluss daran hängen Sie das fertige Plakat mit den Symbolen in Augenhöhe der Kinder im Gruppenraum auf.

Weitere Beispiele:
Zuhören: Ohr
Aussprechen lassen: Mund
Helfen: Hand
Teilen: Apfel

Hinweis:
Indem die Kinder alleine oder mit Ihrer Hilfe das fertige Plakat unterzeichnen, gehen sie eine Art Vertrag ein, der für alle verbindlich ist. Unabhängig davon, empfiehlt es sich, gerade auch in Bezug auf Regelverstöße bereits im Vorfeld die Konsequenzen zu vereinbaren.

Einfache Symbole dienen dazu, insbesondere jüngeren Kindern, die noch nicht lesen können, auf Verhaltensregeln hinzuweisen, die in der Gruppe relevant sind. So kann ein Herz z. B. auf Freundlichkeit und ein Ohr auf Zuhören hinweisen. Es empfiehlt sich, nur solche Symbole auszuwählen, die sich alle gut merken und vor allem den einzelnen Verhaltensregeln leicht zuordnen können.

Zuhören und ausreden lassen

Spielerisch das Interesse wecken, das aktive Zuhören und die Kommunikation fördern

Wie kommt es eigentlich, dass manche Kinder einfach nicht richtig oder gar nicht zuhören können?
Die Zuhörfähigkeiten hängen von verschiedenen Faktoren ab. Sie können durch Störfaktoren, wie z. B. Lärm, innere Unruhe und Unwohlsein beeinträchtigt werden. Es können aber auch gesundheitliche Gründe, wie z. B. Schwerhörigkeit und eine auditive Wahrnehmungsstörung vorliegen. Zudem können Kinder aufgrund ihres großen Bewegungsdrangs, ihrer begrenzten Konzentration und Ausdauer noch nicht allzu lange zuhören. Deswegen ist es wichtig, entsprechend den Bedürfnissen und Interessen in der Gruppe ein paar Voraussetzungen zu schaffen, damit die einzelnen Kinder sich gute Zuhörfähigkeiten aneignen können.
In diesem Kapitel werden nun die Kinder für das Thema „Zuhören" sensibilisiert, das nicht nur später in der Schule, sondern gerade auch im zwischenmenschlichen Bereich überaus bedeutsam ist. Sie sollen auf spielerische Weise erfahren, weshalb Zuhören so wichtig ist und das bewusste Lauschen und Erahnen, Zuhören und Verstehen mithilfe von Lauschspielen und anderen Angeboten trainieren. Dabei lernen die Kinder u. a. aufmerksam zu sein, ihre Ohren zu spitzen und sich zu merken, was sie gerade hören. Darüber hinaus lernen sie aber auch, sich gegenseitig nicht ins Wort zu fallen, freundlich miteinander umzugehen und zu kommunizieren.

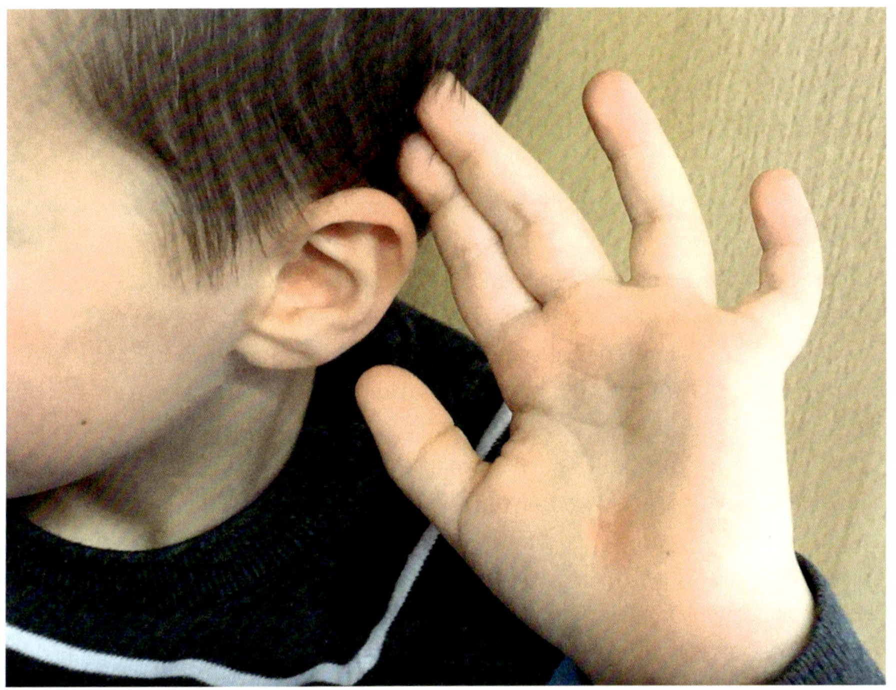

„Zuhören können. Es gehört dazu die Fähigkeit der Selbstentäußerung und Aufnahmefähigkeit und, wenn es sich um ernste Dinge handelt, Wissensdurst.“

Marie von Ebner-Eschenbach (1830–1916), österreichische Schriftstellerin und Erzählerin

Ritual zum Zuhören

Alter: ab 3 Jahren

Material: 1 Glocke mit Griff, 1 Stoppuhr oder Uhr mit Sekundenzeiger

Zeitaufwand: 1–3 Minuten

Spielort: Stuhlkreis

Spielverlauf:
Während die Kinder einen Stuhlkreis bilden, holen Sie sich eine Glocke mit Griff, mit der Sie sich dann zwischen zwei Kindern auf die Kreisbahn setzen.
Bevor Sie nun die Kinder begrüßen, läuten Sie im wahrsten Sinne des Wortes die Zeit zum Zuhören ein. Das akustische Signal wird sofort die Aufmerksamkeit der Kinder auf sich ziehen.
Trainieren Sie nun das Ganze noch einmal mit den Kindern, indem Sie die Glocke wieder läuten. Wie lange wird es wohl dauern, bis die Gruppe ruhig und aufmerksam ist?
Im Anschluss wendet sich ein beliebiges Kind seinem linken Nachbarkind zu, um „Hallo!“ zu sagen. Dabei kann das Kind eine Hand an sein Ohr halten, um zu zeigen, dass es ganz Ohr ist. Das betreffende Kind wiederholt alles bei seinem linken Nachbarkind.
Das geht so immer weiter, bis das erste Kind wieder an der Reihe ist.

Hinweis:
Wer keine Glocke mit Stiel zur Hand hat, kann natürlich auch ein anderes Instrument verwenden, wie z. B. eine Klangschale, eine Triangel oder eine Handtrommel, das dann ebenfalls ein paarmal kurz hintereinander angeschlagen wird und sich somit genauso als Ritual in der Gruppe etablieren kann.

Mithilfe des Praxisangebots üben die Kinder von Anfang an, jemandem, der gerade das Wort hat, ihre ungeteilte Aufmerksamkeit zu schenken. Dabei zeigen sie auch, dass sie aneinander interessiert sind und nicht jedes Kind nur das macht, was ihm gerade in den Sinn kommt.

Hast du alles verstanden?

Alter: ab 4 Jahren

Material: –

Zeitaufwand: 3 Minuten

Spielort: Gruppenraum

Spielverlauf:

Alle Kinder bilden eine Reihe und zwar so, dass sie mit dem Gesicht zur Wand oder zu einem Schrank auf den Boden sitzen.

Auf Ihr Kommando hin halten sich nun alle Kinder mit beiden Händen ihre Ohren zu, sodass sie garantiert nicht mehr alles richtig verstehen können. Erzählen Sie den Kindern nun kurz und knapp und nicht zu laut, was sie heute Morgen bereits gemacht haben. Die Aufgabe der Kinder besteht darin, das Wichtigste mitzubekommen.

Danach drehen sich die Kinder um und halten zu Ihnen Blickkontakt und zwar, ohne dass sie sich die Ohren zuhalten. Dabei wiederholen sie das Gesagte.

Im Anschluss daran fragen Sie die Kinder, wie es ihnen beim ersten Mal ergangen ist. Wodurch wurde das aufmerksame Zuhören erschwert? In diesem Zusammenhang sollten Sie die Kinder auch fragen, was sie tun müssen, damit sie alles gut verstehen können. Machen Sie den Kinder bewusst, wie wichtig das Zuhören ist, um z. B. zu verstehen, was zu tun ist oder zu erfahren, wie es jemandem gerade geht. Dabei ist es wichtig, sich dem Gegenüber zuzuwenden, seine Mimik, Gestik und Körperhaltung zu beobachten und sich auf das, was jemand sagt, bewusst einzulassen.

Mithilfe des Wahrnehmungsspiels können die Kinder relativ schnell und einfach herausfinden, wie richtiges Zuhören am besten funktioniert und was man deshalb tunlichst vermeiden sollte. Dazu gehört u. a., sich vom Gegenüber abzuwenden, sich die Ohren zuzuhalten oder sich gar anderen Dingen zu widmen.

Wie gutes Zuhören gelingt

Alter: ab 5 Jahren

Material: Schminkstifte

Zeitaufwand: 2–3 Minuten

Spielort: Stuhlkreis

Vorbereitung:
Für dieses Fingerspiel darf sich jedes Kind auf jeden Daumen ein lachendes Gesicht aufmalen.

Spielverlauf:

Der Erste sagt: „Ich schaue dich freundlich an
und fange nun zu sprechen an!"
Der Zweite sagt: „Ich schaue dich freundlich an!
Höre dir zu, denn du bist dran!"
Der Erste sagt: „Danach kannst du etwas sagen
und gerne bei mir nachfragen!"
Der Zweite sagt: „Ich schaue dich freundlich an
und fange nun zu sprechen an!"
Der Erste sagt: „Ich schaue dich freundlich an!
Hör dir zu, denn du bist dran!"
Der Zweite sagt: „Danach kannst du etwas sagen
und gerne bei mir nachfragen!"
Der Erste sagt: „Ich schaue dich freundlich an
und fange nun zu sprechen an!"
Der Zweite sagt: ...

Fäuste ballen und beide Daumen ausstrecken. Passend zum Text abwechselnd den linken oder rechten Daumen bewegen.

Bei diesem Fingerspiel sollen die Kinder begreifen lernen, dass sie sich gegenseitig gut zuhören und viel besser verstehen können, wenn sie offen, freundlich und einander zugewandt sind. Das funktioniert jedoch nur dann, wenn sie sich gegenseitig nicht ins Wort fallen, sondern auch ihr Gegenüber ausreden lassen.

Kannst du leise sein und warten?

Alter: ab 4 Jahren

Material: 1 Klangschale; evtl. 1 Küchenuhr

Zeitaufwand: 3–5 Minuten

Spielort: Kreis

Spielverlauf:
Die Kinder knien um eine Klangschale herum.
Indem Sie nun die Klangschale einmal oder gar mehrmals kurz anschlagen, sollen alle Kinder mucksmäuschenstill sein und sich erst dann zu Wort per Handzeichen melden, sobald der Klang verklungen ist. Wer schafft es ganz leise zu sein? Wählen Sie nun eines der Kinder aus, das dann Ihre Rolle übernimmt und somit in der nächsten Spielrunde die Klangschale erklingen lässt.
Auf diese Weise findet noch ein paarmal das Klangspiel statt, bei dem alle Kinder zeigen dürfen, wie aufmerksam sie zuhören können.

Variante:
Anstelle der Klangschale können Sie bei geübteren Kindern z. B. auch eine Küchenuhr benutzen, die nach ein bis zwei Minuten klingelt. Danach dürfen sich die Kinder per Handzeichen zu Wort melden.

Eine Klangschale ist für dieses Praxisidee geradezu ideal, da sie wunderbar klingt und schön lange nachschwingen kann. Auf diese Weise müssen die Kinder ganz Ohr sein, um festzustellen, wann tatsächlich der Klang verklungen ist. In diesem Zusammenhang können sie den Kindern bewusst machen, dass z. B. auch das Vorlesen einer Geschichte entweder kurz oder etwas länger dauern kann. Bei spannenden und interessanten Geschichten vergeht jedoch die Zeit wie im Flug, sodass das Zuhören ein Kinderspiel ist.

Ich bin ganz Ohr

Alter: ab 3 Jahren

Material: 6–8 unbedruckte Bierdeckel, Buntstifte; evtl. Postkarten o. Ä.

Zeitaufwand: 5–10 Minuten

Spielort: Tisch

Vorbereitung:
Zu Beginn zeichnen Sie auf jeden Bierdeckel ein Tier oder einen Gegenstand, das ein Geräusch erzeugt. Alternativ können Sie auch Karten mit jeweils einem bestimmten Tiermotiv oder abgebildeten Gegenstand benutzen. Das kann z. B. ein Elefant, eine Katze, ein Hund, ein Wecker, ein tropfender Wasserhahn oder eine Bohrmaschine sein.

Spielverlauf:
Zu Beginn legen Sie alle Karten verdeckt auf einen Tisch, um den die Kinder sich herumsetzen.
Während nun alle Kinder ihre Augen schließen, schauen Sie kurz unter einer Karte nach, was darauf zu sehen ist. Danach machen Sie ein dazu passendes Geräusch, indem sie z. B. so wie ein Hund bellen. Die Kinder sind ganz Ohr und sollen herausfinden, was ihrer Meinung nach auf der Karte abgebildet ist. Die Kinder öffnen ihre Augen und geben der Reihe nach einen Tipp ab, bevor sie schließlich die Karte umdrehen.
In der nächsten Spielrunde darf eines der Kinder Ihre Rolle übernehmen, sobald alle Karten wieder verdeckt auf dem Tisch liegen.
Auf diese Weise wird das Spiel so lange durchgeführt, bis nach Möglichkeit alle Kinder an der Reihe gewesen sind.

Hinweis:
Es müssen nicht immer die gleichen Geräusche gemacht werden. So kann z. B. ein Hund bellen, aber auch knurren und jaulen.

Geräusche, Töne und Klänge – Es gibt so viele Dinge, die die Kinder ganz bewusst wahrnehmen und benennen können. Besonders schön ist es auch, wenn die Kinder im Vorfeld sowohl in den Innen- als auch Außenräumen auf eine Art Entdeckungsreise gehen, um miteinander zu lauschen. Dabei können sie hin und wieder stehen bleiben und ihre Augen schließen. Das was sie dann hören, kann dann natürlich auch auf jeweils eine Karte gemalt und für dieses Tischspiel verwendet werden.

Singen & klingen

Alter: ab 4 Jahren

Material: 1 Triangel

Zeitaufwand: 3–5 Minuten

Spielort: Sitzkreis, Gruppenraum

Spielverlauf:
Die Kinder sitzen zusammen auf dem Boden im Kreis. Ein Kind begibt sich in die Kreismitte und schließt die Augen. Währenddessen übergeben Sie heimlich einem anderen Kind eine Triangel. Das Kind darf nun, sobald alle übrigen Kinder im Sitzkreis ein Lied singen, etwas nach vorne kommen und dabei hin und wieder das Instrument erklingen lassen. Kann das Kind vom Platz in der Mitte aus trotzdem die gesuchte Geräuschquelle lokalisieren und somit auf die Richtung des betreffenden Kindes zeigen? Zur Kontrolle steht dasjenige Kind auf, das soeben das Geräusch erzeugt hat. Das Kind öffnet seine Augen und ist gespannt, ob es die Aufgabe richtig erfüllen konnte oder nicht.
Im Anschluss daran findet eine weitere Spielrunde mit dem neuen Kind in der Kreismitte statt.

Variante:
Alle Kinder verteilen sich auf einem überschaubaren Spielfeld. Wählen Sie nun ein Kind aus, das seine Augen schließt. Eines der übrigen Kinder erhält von Ihnen die Triangel, die es nun erklingen lässt. Dabei patschen die übrigen Kinder mit ihren Händen auf ihre beiden Oberschenkel. Kann das Kind vom Platz aus trotzdem auf die gesuchte Klangquelle zeigen? Zur Kontrolle knien sich alle Kinder mit Ausnahme des gesuchten Kindes auf den Boden hin.
Unabhängig davon, ob die Aufgabe gelingt oder nicht, tauschen beide ihre Rollen, sodass auf die gleiche Weise eine neue Spielrunde starten kann.

Je lauter es wird, desto schwieriger wird es, auf einen bestimmten Klang zu achten. Mit diesem Wahrnehmungsspiel wird den Kindern bewusst gemacht, das zum richtigen Zuhören auch etwas Ruhe benötigt wird.

Wer kann aufmerksam zuhören?

Alter: ab 4 Jahren

Material: 1 Glocke mit Stiel, 5–8 verschiedene Sachen, wie z. B. 1 Teller, 1 kleine Schüssel, 1 Kaffeelöffel, 1 Tasse und 1 Kochlöffel

Zeitaufwand: 3–5 Minuten

Spielort: Tisch

Spielverlauf:
Zu Beginn legen Sie fünf bis acht verschiedene Dinge aus der Küche auf den Tisch, um den sich die Kinder herum setzen.
Läuten Sie nun mit der Glocke, um die Aufmerksamkeit der Kinder zu gewinnen. Danach suchen Sie in Gedanken einen Gegenstand aus, der auf dem Tisch liegt. Während Sie nun ganz leise den ausgewählten Gegenstand benennen, hören alle aufmerksam zu. Wer jetzt als Erster auf den gesuchten Gegenstand mit der flachen Hand patscht und diesen obendrein benennen kann, darf den Gegenstand behalten bzw. zur Seite legen.
Danach benennen Sie leise einen weiteren Gegenstand, der auf den Tisch liegt. Wer wird sich nun den gesuchten Gegenstand schnappen und benennen können? Auf diese Weise geht's immer weiter, bis nur noch ein Gegenstand auf dem Tisch liegt. Sieger ist, wer am Ende die meisten Gegenständen ergattern konnte.

Variante:
Auf dem Tisch liegen drei bis vier Gegenstände. Benennen Sie diese nun ganz leise bis auf einen. Wer weiß, welcher Gegenstand nicht benannt wurde? Die Kinder melden sich per Handzeichen und geben der Reihe nach ihre Vermutung preis, bevor Sie den betreffenden Gegenstand laut benennen.
Das Spiel wird so noch ein paarmal durchgeführt.

Das aufmerksame Zuhören können die Kinder auch üben, indem Sie nicht nur leise Gegenstände benennen, sondern auch Gruppenaufgaben, wie z. B. den Tisch decken, erteilen, die die Kinder gemeinsam erledigen dürfen. Das macht nicht nur Spaß, sondern steigert auch unglaublich das Wir-Gefühl.

Auf eins geht's los!

Alter: ab 5 Jahren

Material: 1 großer Punkte- oder Zahlenwürfel

Zeitaufwand: 3–5 Minuten

Spielort: Stuhlkreis

Spielverlauf:
Die Kinder sitzen zusammen im Stuhlkreis.
Zu Beginn holen Sie sich einen Würfel, mit dem Sie sich zwischen zwei Kindern auf die Kreisbahn setzen, um vom Platz aus in Richtung Kreismitte zu würfeln. Die Kinder sollen sich die gewürfelte Zahl, wie z. B. die Eins gut merken. Rufen Sie nun zwei bis drei Kinder auf. Benennen Sie nun willkürlich die Zahlen von 1 bis 6. Sobald jedoch die Zahl 1 genannt wird, heißt es für die ausgewählten Kinder blitzschnell zu reagieren. Denn wer jetzt als Erster den Würfel schnappt, darf in der nächsten Spielrunde würfeln. Währenddessen heben alle übrigen Kinder passend zu der Zahl Eins den Daumen hoch.
Auf diese Weise finden noch ein paar Würfelspiele zum Ohrenspitzen statt.

Variante:
Ein beliebiges Kind stellt sich in die Kreismitte und würfelt. Wurde z. B. die Fünf gewürfelt, dürfen sich alle die Zahl gut merken. Danach klatscht das Kind sechsmal in die Hände, bevor es eine kurze Pause macht. Sobald es jedoch fünfmal klatscht, heben die Kinder die entsprechende Anzahl an Fingern in die Luft. Ansonsten bleiben sie einfach ruhig sitzen.
Unabhängig davon, ruft es nach fünf Klatschern ein weiteres Kind auf, das mit ihm den Platz tauschen und würfeln darf.
Nach ein paarmal Würfeln ist jedoch das Spiel aus.

Bei diesem Würfelspiel werden die auditive Wahrnehmung, Konzentration und Ausdauer sowie das Reaktionsvermögen geschult. Dabei üben die Kinder auch, Spielregeln zu befolgen, ohne die ein Zusammenspiel nicht möglich wäre.

Hören mit Gefühl

Alter: ab 3 Jahren

Material: –

Zeitaufwand: 3–5 Minuten

Spielort: Kreis

Spielverlauf:
Die Kinder sitzen zusammen im Stuhlkreis.
Wählen Sie ein beliebiges Kind aus, das sich in die Kreismitte begeben darf.
Während nun alle Kinder ihre Augen schließen, kann sich das Kind z. B. die Augen reiben, den Kopf senken und so tun, als ob es weinen würde. Die Kinder im Stuhlkreis sollen nachempfinden, wie es dem Kind gerade geht. Sobald Sie jedoch ein Zeichen geben, hört das Kind auf. Die übrigen Kinder öffnen nun ihre Augen und sollen sagen, was sie vernommen haben. Zur Kontrolle wiederholt das Kind noch einmal alles. Dabei können die Kinder auch seine Mimik und Gestik und Körpersprache beobachten.
Im Anschluss daran benennt es das soeben dargestellte Gefühl und tauscht den Platz mit einem anderen Kind, das z. B. einen Luftsprung macht und dabei vor Freude jubelt, sobald alle übrigen Kinder wieder ihre Augen schließen.
Auf diese Weise finden noch ein paar Spielrunden statt.

Weitere Beispiele:
Wut und Zorn: Faust zeigen, brüllen, stampfen, ...
Angst: Hilferufe, Hände vor das Gesicht halten, zittern, ...
Überrascht: „Wow!" rufen, Kopf halten, Mund weit öffnen, ...

Mithilfe des Wahrnehmungsspiels lernen die Kinder, aufmerksam gegenüber einem Kind zu sein und dabei herauszufinden, ob es ihm gerade gut oder schlecht geht. In diesem Zusammenhang sollten Sie es nicht versäumen, bei den Kindern nachzufragen, was sie tun können, wenn ein Kind z. B. traurig ist und weint. Ein paar tröstende Worte und eine Umarmung können manchmal Wunder bewirken.

Phantombild

Alter: ab 5 Jahren

Material: für jedes Kind 1 weißes DIN-A3-Blatt Papier, Wachsmalstifte; evtl. 1 Glocke mit Stiel

Zeitaufwand: 10–15 Minuten

Spielort: Tisch

Spielverlauf:
Die Kinder holen ihre Malsachen und setzen sich an einen Tisch.
Zu Beginn läuten Sie am besten mit einer Glocke, damit die Kinder ganz Ohr sind. In Gedanken stellen Sie sich nun eine Person vor, die spurlos verschwunden ist und deshalb gesucht wird. Anhand ihrer detaillierten Personenbeschreibung sollen die Kinder ein Phantombild malen.
Im Anschluss daran dürfen sie ihre Kunstwerke vergleichen und gegebenenfalls noch die Dinge, die sie vergessen haben, ergänzen.

Variante:
Erzählen Sie den Kindern im Stuhlkreis, was Sie heute Morgen bereits gemacht haben. Dabei sollen die Kinder ihren Fokus auf die Gegenstände richten, die von Ihnen so ganz nebenbei benannt werden. Das kann z. B. ein Wecker, eine Kaffeetasse und die Zahnbürste sein.
Am Schluss dürfen die Kinder nacheinander im Uhrzeigersinn jeweils einen Gegenstand benennen, der von Ihnen zuvor erwähnt wurde.

Bei diesem Malangebot üben die Kinder, gut zuzuhören, sich das Wesentliche zu merken und auf das Papier zu bringen. Phantombilder wurden früher aufgrund einer Personenbeschreibung auf diese Art und Weise fertiggestellt. Heutzutage macht das der Computer, der jedoch auch erst einmal mit den wichtigsten Informationen gefüttert werden muss.

Aufeinander achten und füreinander da sein

Spielerisch empathisches Verhalten und Solidarität fördern

Menschen handeln solidarisch, indem sie sich z. B. an Spendenaktionen beteiligen oder einfach auf die Seite der Schwächeren stellen, die von anderen ungerecht behandelt werden. Dabei müssen sie deren Ziele und Interessen nicht teilen. Ohne Solidarität, zu der z. B. Nachbarschaftshilfe und Unterstützungsstreiks, aber auch sehr viele ehrenamtlich sozial engagierte Menschen gehören, würde eine Gesellschaft nicht funktionieren. Damit jedoch Kinder zu mündigen Menschen werden und lernen, sich in die Gesellschaft einzubringen, brauchen sie vor allem auch Erwachsene, die ihnen die Werte vorleben und ihnen helfen, in bestimmten Situationen füreinander einzustehen.

In diesem Kapitel üben die Kinder, sich in andere hineinzuversetzen, denen es z. B. finanziell gerade nicht so gut geht. Mithilfe der Praxisideen wird ihnen gezeigt, wie sie sich für das Wohlergehen der anderen verantwortlich fühlen und sich auch ohne Gegenleistung für sie einsetzen und stark machen können. Indem sie Empathie und Mitgefühl entwickeln und Solidarität trainieren, kann daraus viel Gutes entstehen. Spielerisch lernen sie so auch die Bedeutung ihrer Hilfe, wenn es nötig ist, zu verstehen. Dabei erfahren sie auch, wie wichtig ein Zusammenhalt und der Wille Gutes zu tun für die Gemeinschaft sein kann. Auf diese Weise wächst natürlich auch später die Bereitschaft zur Solidarität mit Menschen, die vielleicht sogar tausende Kilometer von ihnen entfernt leben und die sie keinesfalls persönlich kennen müssen.

„Verbunden werden auch die Schwachen mächtig."

Friedrich Schiller (1759–1805) Arzt, Dichter, Philosoph und Historiker

Ich reiche dir die Hand

Alter: ab 3 Jahren

Material: evtl. 4 Markierungskegel

Zeitaufwand: 3–5 Minuten

Spielort: Gruppenraum

Spielverlauf:
Die Kinder knien sich auf einem übersichtlichen Spielfeld auf den Boden, das Sie mithilfe von vier Markierungskegeln kennzeichnen können.
Zu Beginn erklären Sie den Kindern, dass es nicht allen Menschen auf der Welt gutgeht und diese deshalb froh sind, wenn ihnen jemand die Hand reicht. Vielleicht brauchen die Menschen etwas zum Essen und Trinken, ein paar Schuhe oder einfach ein offenes Ohr. Eines der Kinder darf nun auf ein anderes zugehen, um ihm die Hand zu reichen. Dabei sagt es laut:

„Ich reiche dir die Hand, wenn du Hilfe brauchst!"

Daraufhin steht das Kind auf und nimmt seine Hand. Mit dem Kind im Schlepptau geht es auf ein anderes Kind zu, um ihm auf die gleiche Weise seine Hilfe anzubieten.
Das Spiel geht so immer weiter, bis alle Kinder sich gegenseitig an der Hand halten und einen geschlossenen Kreis bilden. Anschließend sagen sie laut:

„Hand in Hand stehen wir hier!
Füreinander da sind alle wir!"

Bei diesem Praxisangebot üben die Kinder spielerisch aufeinander zuzugehen und ihrem Gegenüber ihre Hilfe anzubieten. Dabei spielt es keine Rolle, ob die Kinder enger miteinander befreundet sind oder nicht. Vielmehr geht es darum, jemandem die Hand zu reichen, wenn sie glauben, dass die betreffende Person ihre Hilfe und Unterstützung braucht.

Die mutige Trommel

Alter: ab 4 Jahren

Material: 1 Triangel, 1 Handtrommel, für alle Kinder bis auf zwei jeweils 2 Klangstäbe

Zeitaufwand: 3–5 Minuten

Spielort: Stuhlkreis

Spielverlauf:
Zu Beginn teilen Sie die o. g. Rhythmusinstrumente an die Kinder aus, die alle auf dem Boden zusammen im Kreis sitzen. Danach lesen Sie den folgenden Text laut vor, den die Kinder mit ihren Rhythmusinstrumenten entsprechend begleiten dürfen:

Eine Triangel hat keine Freude.
Die Klangstäbe ärgern sie heute.
Erst die Triangel und dann mehrmals die Klangstäbe anschlagen.

Das ist unfair und sehr gemein.
Wie kann man so widerlich sein?
Mit dem Fingerspitzen auf der Trommel reiben.

Die Trommel denkt nach und greift ein.
Denn das kann wirklich so nicht sein!
Kräftig trommeln

Die Triangel ist nun nicht mehr allein.
Helfen muss in diesem Fall auch sein.
Triangel und Trommel erklingen lassen.

Zusammenhalt tut einfach sehr gut.
Dafür bedarf es manchmal auch Mut.
Applaudieren

Die Klangstäbe gehen beschämt nach Haus.
Happy End! Die Geschichte ist nun aus!
Klangstäbe leise anschlagen und schließlich laut applaudieren.

Indem die Kinder eine Klanggeschichte durchführen, erleben sie allein schon durch das Zusammenspiel mit den Instrumenten ein Zugehörigkeits- und Gemeinschaftsgefühl. Wenn sie dann noch hören, dass niemand ausgegrenzt werden darf, wird das Wir-Gefühl besonders stark gefördert.

Was heißt solidarisch handeln?

Alter: ab 5 Jahren

Material: 1 DIN-A2-Blatt Tonpapier in Schwarz, für jedes Kind 1 weißen Wachsmalstift

Zeitaufwand: 5–10 Minuten

Spielort: Tisch oder Boden

Spielverlauf:
Die Kinder zeichnen auf einem großen Tonpapier jeweils einen weißen Handumriss.
Die Aufgabe der Kinder besteht nun darin, anhand von Beispielen zu entscheiden, ob es sich hierbei um Solidarität handelt oder nicht. Bevor das jedoch Ihrerseits geschieht, sollten die Kinder wissen, dass der Begriff Solidarität, der aus dem Lateinischen kommt, nicht anderes als Zusammengehörigkeit bedeutet. Wissen die Kinder Bescheid, sagen sie z. B. folgenden Satz:

„Wir handeln solidarisch und spenden deshalb Spielsachen an arme Kinder!"

Diejenigen Kinder, die der Meinung sind, dass das der Wahrheit entspricht, legen ihre Hand auf ihren Handumriss.
Im Anschluss daran teilen Sie den Kindern mit, ob man hier tatsächlich von solidarischem Handeln sprechen kann oder nicht. In diesem Fall ist dies zutreffend.
Unabhängig davon, fängt dann eine neue Spielrunde mit einem neuen Satz an, der auf solidarisches Handeln hinweisen kann oder nicht.
Auf diese Weise finden noch ein paar Spielrunden statt.

Weitere Beispiele für Solidarität:
Wir handeln solidarisch und ...
- unterstützen ältere Menschen beim Einkaufen,
- helfen mit einer Futterspende Tieren in Not,
- setzen ein Zeichen gegen Mobbing.

Die Kinder sollen anhand von Beispielen entscheiden, ob es sich dabei um Solidarität handelt oder nicht. Falls ja, heißt es im wahrsten Sinne des Wortes „Hand drauf!“ oder anders ausgedrückt: „Wir befürworten solidarisches Handeln!“

Wir sind für euch da

Alter: ab 3 Jahren

Material: –

Zeitaufwand: 3–5 Minuten

Spielort: Stuhlkreis

Spielverlauf:

Die erste Gruppe sagt: „Wir haben Hunger und sind in Not!"
Die Finger der rechten Hand in der Luft zappeln lassen.

Die zweite Gruppe sagt: „Braucht ihr vielleicht etwas Brot?"
Mit der linke Handfläche eine Schale formen.

Die erste Gruppe sagt: „Eine Spende bringt uns viel Freude!"
Den rechten Daumen an den rechten Zeige- und Mittelfinger reiben (Geste für Geld).

Die zweite Gruppe sagt: „Wir helfen gerne bedürftigen Leuten!"
Sich gegenseitig die fünf Finger der linken Hand zeigen.

Der erste Gruppe sagt: „Vielen Dank sagen wir nicht nur heute!"
Mit der linken Hand die rechte Hand drücken.

Der zweite Gruppe sagt: „Zusammenhalt ist so wichtig, Leute!"
Alle zehn Finger in der Luft zappeln lassen.

Variante:

Die Kinder verwenden den Text für ein Rollenspiel. Hierfür bilden sie zwei Gruppen, die unterschiedlich groß sein können. Beide Gruppe stellen / setzen sich am besten gegenüber an einen Tisch. Passend zu dem Text, den Sie vorlesen können, machen sie die folgenden Bewegungen:

Gruppe 1: Den Bauch mit der Hand kreisförmig reiben.
Gruppe 2: Mit beiden Händen eine Schale formen .
Gruppe 1: Den rechten Daumen am rechten Zeige- und Mittelfinger reiben.
Gruppe 2: Beide Arme über dem Tisch in Richtung der ersten Gruppe ausstrecken.
Gruppe 1 und 2: Sich gegenseitig die Hände schütteln.
Zum Schluss legen alle Kinder ihre Hände auf dem Tisch aufeinander und demonstrieren so den Zusammenhalt.

Indem die Kinder ihre Hände aufeinander legen, demonstrieren sie ihren Zusammenhalt. Dabei werden auch ohne viel Zutun das Zugehörigkeits- und Gemeinschaftsgefühl gestärkt und der Teamgeist gefördert.

Bildung für alle Kinder

Alter: ab 5 Jahren

Material: Schulsachen, wie z. B. 1 Mäppchen, 1 Buch, 1 DIN-A4-Blatt Papier

Zeitaufwand: 10–15 Minuten

Spielort: Stuhlkreis und Tisch

Spielverlauf:
Die Kinder sitzen zusammen am Tisch und überlegen, was wohl ein Kind aus einem armen Land, wie z. B. Afrika, Asien oder Lateinamerika, für die Schule gut gebrauchen kann. Erklären Sie den Kindern, dass es Hilfsprojekte gibt, die sich für bedürftige Kinder einsetzen, um ihnen unter anderem Bildung und somit eine bessere Zukunft zu ermöglichen. Jede helfende Hand und jeder Euro sind hierbei wichtig, um den Kindern gute Bildungschancen zu ermöglichen.
Durch das folgende Rollenspiel soll den Kindern solidarisches Handeln ein Stück weit näher gebracht werden: Passend dazu spielt eines der Kinder z. B. ein afrikanisches Kind, das so tut, als ob es sich in einer von Spendengeldern gebauten afrikanischen Schule befindet würde. Welche Dinge wird das Kind wohl aus der weltweiten Solidargemeinschaft erhalten?
Während nun das betreffende Kind auf seinem Platz sitzen bleibt, gehen die übrigen Kinder los, um sich etwas Bestimmtes zu holen, das ihrer Meinung nach das Kind gut in der Schule gebrauchen kann. Die Kinder stellen sich der Reihe nach vor das Kind, um ihm z. B. ein Buch, einen Stift oder gar einen Radiergummi zu übergeben. Das Kind bedankt sich für jeden Gegenstand, den es von den Kindern erhält.

Mithilfe eines einfachen Rollenspiels erfahren die Kinder, wie wichtig es ist, sich für Kinder in Not rund um den Erdball einzusetzen, damit alle Kinder auch in die Schule gehen können. Erklären Sie den Kindern dabei auch, wie unersetzlich eine weltweite Solidargemeinschaft ist, in der der Stärkere den Schwächeren hilft, damit das Recht auf Bildung ermöglicht werden kann und somit ein Leben außerhalb von Armut kein Traum bleibt.

Schutz vor Verfolgung

Alter: ab 5 Jahren

Material: 1 Handtrommel; evtl. 4 Markierungskegel

Zeitaufwand: 3–5 Minuten

Spielort: Gruppen- oder Bewegungsraum

Spielverlauf:
Für dieses Bewegungsspiel können Sie ein übersichtliches Spielfeld mithilfe von vier Markierungskegeln kennzeichnen, auf dem sich die Hälfte der Kinder verteilt. Alle übrigen Kinder laufen im Takt zum schnellen Trommelspiel, das durch Sie erfolgt, auf dem Spielfeld herum.
Das geht so lange, bis Sie zu trommeln aufhören und laut „Asyl!", „Zufluchtsort", „Obdach" oder einfach „Unterkunft" rufen. Das ist das Zeichen für diejenigen Kinder, die auf ihrem Platz stehen, sich etwas breitbeinig hinzustellen, sodass die übrigen Kinder sich jeweils ein freies Haus suchen bzw. zwischen den Beinen eines freien Kindes kriechen können.
Erst wenn die „geflüchteten" Kinder jeweils ein Dach über dem Kopf gefunden haben, tauschen sie ihre Rollen mit ihren Partnerkindern und wiederholen das Spiel, sobald Sie erneut zu trommeln beginnen.
Am Ende kommen alle zusammen und bilden einen Sitzkreis. Erklären Sie den Kindern, dass es eine steigende Anzahl an Menschen gibt, die z. B. wegen Hunger und Krieg dazu gezwungen werden, ihre Heimat zu verlassen. Deshalb ist Flucht für viele Menschen ein letzter Ausweg verbunden mit der Hoffnung auf eine bessere Zukunft. Damit das jedoch gelingt, sind Flüchtlinge auf die Unterstützung von Ländern angewiesen, die sich solidarisch erklären und ihnen Asyl und somit Schutz vor Gefahr und Verfolgung gewähren.

Das Bewegungsspiel soll den Kindern verdeutlichen, wie schwierig es sein kann, auf die Schnelle eine Unterkunft zu finden. Deshalb ist es wichtig, dass Menschen auf der Flucht, die internationalen Schutz benötigen, nicht ihrem Schicksal überlassen werden, sondern auch ihr Recht auf Asyl in der Europäischen Union beanspruchen können.

Umweltkatastrophen – Wir helfen uns

Alter: ab 4 Jahren

Material: 1 Handtrommel

Zeitaufwand: 5–10 Minuten

Spielort: Gruppenraum oder Turnhalle

Spielverlauf:
Zum Rhythmus des Trommelspiels laufen alle kreuz und quer durch den Raum. Das geht so lange, bis Sie plötzlich zu trommeln aufhören und z. B. Folgendes sagen:

„Alle in der Nachbarschaft halten zusammen, wenn es draußen stark geregnet hat und die Kellerräume in den Häusern überschwemmt wurden!"

Daraufhin bilden alle Kinder möglichst schnell einen Kreis. Erst wenn die Kinder Hand in Hand zusammen im Kreis auf dem Boden sitzen, sagen Sie laut:

„Wir holen Eimer und schöpfen damit das Wasser aus den Kellerräumen!"

Die Kinder tun so, als ob sie jeweils einen Eimer in der Hand halten und das Wasser aus dem Innenkreis schöpfen und im Außenkreis ausleeren würden.
Im Anschluss daran laufen alle Kinder wieder einzeln durch den Raum, sodass eine neue Spielrunde beginnt.

Weitere Beispiele:
Die ganze Nachbarschaft hält zusammen, wenn ...

- draußen ganz viel Schnee liegt und es deshalb auf der Straße kein Durchkommen gibt.
- der Sturm bei einer Familie das Hausdach abgedeckt hat und sie nicht weiß, wo sie schlafen soll,
- es draußen gehagelt hat und dadurch viele Sachen beschädigt wurden, die erst einmal von der Straße beseitigt werden müssen.

Bei heftigen Regenfälle und starkem Wind kann es unter anderem schnell zu überfluteten Fahrbahnen und überschwemmten Häusern kommen. Gerade bei Umweltkatastrophen ist ein schneller Einsatz und solidarisches Handeln insbesondere durch Nachbar*innen gefragt. Mithilfe dieses Praxisangebots soll den Kindern der unschätzbare Wert von Nachbarn, aber auch ehrenamtlichen und professionellen Helfer*innen in bestimmten Situationen bewusst gemacht werden.

Wir helfen anderen Kindern

Alter: ab 5 Jahren

Material: 1 großes Plakat, Wachsmalstifte; evtl. 1 große Kiste, Spielsachen

Zeitaufwand: 10–15 Minuten

Spielort: Tisch; evtl. Gruppenraum

Spielverlauf:
Die Kinder sitzen zusammen am Tisch und überlegen, wie sie Kindern, die wenige Spielsachen haben, helfen können. Jedes Kind überlegt, was es vielleicht nicht mehr so oft benutzt und gegebenenfalls spenden kann.
Verwenden Sie hierfür ein Plakat, das Sie auf die Tischmitte legen. Die Aufgabe der Kinder besteht nun darin, etwas zu malen, das sie gerne verschenken möchten. Das kann z. B. ein Spielzeugauto, eine Puppe oder ein Gesellschaftsspiel sein.
Danach betrachten alle Kinder das gemeinschaftlich gestaltete Kunstwerk, auf dem nun jede Menge Spielsachen, die gespendet werden können, zu sehen sind.
Erklären Sie den Kindern, wie wichtig solidarisches Handeln ist, das ihnen durch das angefertigte Plakat verdeutlicht werden soll.

Variante:
Anstelle eines Plakats benutzen Sie nun eine Kiste. Die Kinder sollen sich im Gruppenraum umschauen und die Spielsachen einpacken, die nicht kaputt sind, jedoch ihrer Meinung nach überwiegend nicht mehr benutzt werden und somit abgegeben werden können. Bevor jedoch etwas in der Kiste landet, sollen alle Kinder damit einverstanden sein.
Am Ende können Sie sich gemeinsam mit den Kindern überlegen, zu welcher Hilfsorganisation die Sachen vielleicht tatsächlich geschickt werden können.

Indem die Kinder in eine Kiste das einpacken, was noch gut erhalten ist und sie gerne verschenken wollen, lernen sie, sich von überflüssigen Sachen zu trennen und dabei gleichzeitig etwas Gutes zu tun.

Konkurrenz oder Gemeinschaft?

Alter: ab 5 Jahren

Material: 3–5 Kissen, 1 Trillerpfeife

Zeitaufwand: 5–10 Minuten

Spielort: Gruppen- oder Bewegungsraum

Spielverlauf:
Während die Kinder einen Kreis bilden, holen Sie sich drei bis fünf Kissen. Fragen Sie bei den Kindern nach, ob sie schon einmal als Team um eine gute Platzierung in einem Wettstreit mit anderen gekämpft haben. Vielleicht kennen die Kinder Teamspiele, wie das uralte Seilziehen oder eine beliebte Mannschaftssportart, wie z. B. Fußball.
Erklären Sie den Kindern, dass die Menschen in der solidarischen Gemeinschaft sich so ähnlich wie bei einem Team gegenseitig helfen und somit nicht nur auf ihre eigenen Vorteile bedacht sind. Konkurrenz hingegen bedeutet Wettbewerb. Machen Sie den Kindern bewusst, dass bei einem Konkurrenzkampf jeder bemüht ist, besser als der andere zu sein.
Auf verspielte Weise sollen die Kinder nun die beiden Begriffe „Solidarität" und „Konkurrenz" unterscheiden lernen: Zunächst übergeben Sie die Kissen an drei bis fünf Kinder, die sich mit den übrigen Kindern auf einem überschaubaren Spielfeld verteilen. Je nachdem, ob Sie nun „Solidarische Gemeinschaft" oder „Konkurrenzkampf" rufen, dürfen die Kinder entweder einen Kreis bilden, um die Kissen von Hand zu Hand im Uhrzeigersinn weiterzureichen oder gar eine Kissenschlacht veranstalten, bei der jedes Kind gegen ein anderes kämpft. Das geht so lange, bis Sie die Trillerpfeife einsetzen, um entweder noch einmal die gleiche Anweisung zu geben oder eine neues Kommando zu erteilen.
Auf diese Weise kann das Spiel nach Herzenslust fortgesetzt werden.

Eine Kissenschlacht ist ein kurzweiliges Spiel, bei dem jedoch alle gegeneinander antreten und keinesfalls gemeinschaftlich handeln. Dabei kommen vor allem nur diejenigen Kinder zum Zug, die sich rasch ein Kissen schnappen, gut zielen, reagieren und ausweichen können. Im Gegensatz dazu können die Kinder auch die Kissen einfach im Uhrzeigersinn herumgeben, sodass alle in der Gemeinschaft eingebunden sind und letztendlich miteinander und nicht gegeneinander spielen. Spielerisch wird den Kindern so verdeutlicht, worin hier die Vorteile liegen.

Fischschwarm

Alter: ab 5 Jahren

Material: für jedes Kind 1 Keilrahmen oder 1 DIN-A3-Blatt Papier in Weiß, 1 Bleistift, Papierschnipsel und Klebstoff

Zeitaufwand: 15–20 Minuten

Spielort: Tisch

Spielverlauf:
Die Kinder holen sich die o. g. Bastelsachen und setzen sich gemeinsam an einen Tisch. Jedes Kind darf nun einen Fisch gestalten, dessen Umriss Sie entweder auf jeweils einen Keilrahmen oder ein Blatt Papier zeichnen können. Die Kinder dürfen den Fisch bunt gestalten, indem sie kleine Papierschnipsel aufkleben.
Erst wenn alle Fische fertig sind, dürfen die Kinder auf Ihre Anweisung hin einen Schwarm bilden, indem sie ihre Bilder möglichst nah beisammen auf den Boden legen. Wissen die Kinder, worin die Vorteile des Schwarms bestehen, bei denen diese Fische möglichst bei ihren Nachbarn bleiben? Falls nicht, dann sollten Sie den Kindern erklären, dass die Fische als Schwarm so besser Futter suchen und sich auf diese Weise auch besser vor Feinden schützen können.

Variante:
Anstelle der Fische zeichnen Sie auf jedes Blatt den Umriss eines Vogels auf, den die Kinder ebenfalls mit Papierschnipseln bekleben dürfen. Die Kinder treffen sich dann mit ihren fertigen Werken im Kreis, die sie so wie im vorherigen Spiel beschrieben im Innenkreis platzieren. Fragen Sie die Kinder, weshalb Stare, aber auch andere Vögel, sich kurzzeitig sammeln. Sollten die Kinder nicht die richtige Antwort parat haben, dann erklären Sie ihnen, dass sie deshalb miteinander in großen Schwärmen über das Land ziehen, um sich vor Angreifern aus der Luft besser schützen zu können.

Solidarität ist auf der Erde nicht nur auf die Menschheit beschränkt, sondern unter anderem auch bei dem sogenannten Schwarmfisch vorhanden, der mit weiteren Fischen seiner Art, aber auch anderen Arten zusammen im Meer in Gruppen herumschwimmt, damit möglichst alle überleben können.
Künstlerisch lässt sich das gut mit selbst gestalteten Fischen darstellen, die eng beisammen gelegt werden. Zudem kann die Gruppe so wie hier sich noch auf eine Richtung einigen, in die der Schwarm „schwimmen" soll.

Helfen tut gut und schenkt Freude

Spielerisch anderen helfen lernen und dabei auch sich selbst helfen

Es ist immer wieder faszinierend zu beobachten, wie Kleinkinder noch voller Stolz und Freude im Alltag mithelfen, indem z. B. die Teller und Tassen auf dem Frühstückstisch verteilen. Je älter jedoch die Kinder werden, desto öfter scheinen sie Ausreden parat zu haben, um die täglichen Aufgaben und Pflichten zu umgehen, zu denen unter anderem auch das lästige Aufräumen der Spielsachen im Gruppenraum gehört. Und wenn sie dann noch auf Ihre Bitte hin anderen helfen sollen, obwohl sie vielleicht selbst nicht mitgemacht haben, dann sind oftmals nervenaufreibende Diskussionen vorprogrammiert, die im schlimmsten Fall mit einer totalen Verweigerung enden.
In diesem Kapitel wird gezeigt, wie Sie die Kinder aus Ihrer Gruppe auf höchst verspielte Weise zum Mithelfen motivieren können. Das gelingt am ehesten, wenn die Kinder dabei das Gefühl haben, dass ihre Hilfe gebraucht und von den anderen Personen auch honoriert wird. Dabei geht es jedoch nicht darum, jede Kleinigkeit zu loben, sondern die entgegenbrachte Hilfsbereitschaft wertzuschätzen. Mithilfe der Praxisideen wird den Kindern bewusst gemacht, dass Hilfsbereitschaft sowohl anderen Personen, als auch ihnen selbst viel Freude bereiten kann.

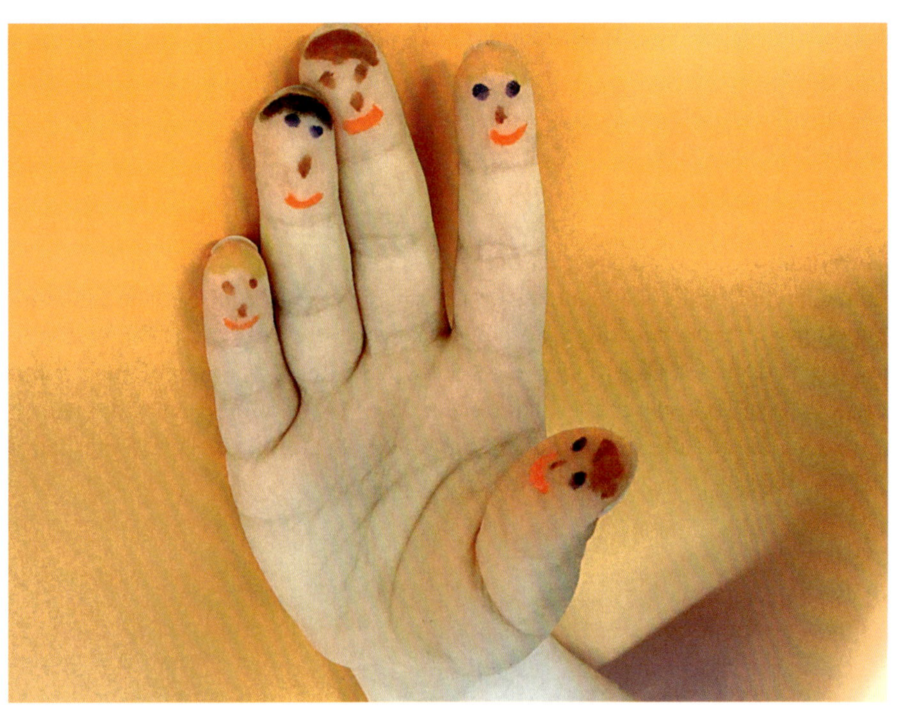

„Man muss sich gegenseitig helfen, das ist ein Naturgesetz.“

Jean de la Fontaine (1621–1695), französischer Schriftsteller

Alle sind fit und helfen mit

Alter: ab 3 Jahren

Material: Spielsachen zum Aufräumen

Zeitaufwand: 5–10 Minuten

Spielort: Gruppenraum

Spielverlauf:
Zu Beginn bilden die Kinder drei Gruppen, die jeweils für einen Bereich des Gruppenraums verantwortlich sind. So kann z. B. die Gruppe 1 sämtliche Papierschnipsel vom Boden zusammenfegen, die Gruppe 2 die Bauklötze in der Bauecke und die Gruppe 3 die Gesellschaftsspiele auf den Tischen aufräumen. Bevor das jedoch geschieht, singen die Kinder nach der Melodie des traditionellen Kinderliedes „Alle meine Entchen" folgenden Text:

„Alle unsere Kinder
helfen nun schnell mit,
helfen nun schnell mit.
Das macht richtig Laune
und hält alle fit."

Danach dürfen die einzelnen Gruppen auf Ihre Anweisung hin möglichst schnell in Richtung ihres Aufgabenbereichs hüpfen, im Galopp springen oder einfach auf allen vieren krabbeln. Dort angekommen, bringen die Gruppen alles in Ordnung. Im Anschluss daran dürfen die Gruppen sich gegenseitig bewerten und den anderen mitteilen, inwieweit sie ihre Aufgabe gut erfüllt haben. Dadurch, dass jede Gruppe bestimmt gerne ein Lob hört, werden sich alle Kinder in der Regel besonders anstrengen.

Auf verspielte Weise miteinander aufräumen macht nicht nur Spaß, sondern fördert auch die gegenseitige Hilfsbereitschaft. Manchen Sie die Kinder darauf aufmerksam, dass sie gemeinsam so viel schneller auch unliebsame Aufgabe erfüllen können.

Ich helfe dir gerne

Alter: ab 5 Jahren

Material: evtl. Papierschnipsel, Schaufel, Besen und 1 Papierkorb

Zeitaufwand: 3–5 Minuten

Spielort: Stuhlkreis

Spielverlauf:
Der Erste sagt: „Ich schaffe das nicht allein."
Eine Faust bilden und den Daumen ausstrecken.

Die Zweite sagt: „Das muss auch nicht sein!"
Danach den Zeigefinger, dann ...

Der Dritte sagt: „Ich lasse dich auch nicht allein."
den Mittelfinger, dann ...

Der Vierte sagt: „So sollte eine Gemeinschaft sein!"
den Ringfinger und schließlich ...

Der Fünfte sagt: „Auch ich helfe dir und bin da!"
den kleinen Finger ausstecken.

Der Erste sagt: „Daumen hoch! Das ist ein Ja!"
Erneut eine Faust bilden und den Daumen hochheben.

Im Anschluss daran dürfen die Kinder der Reihe nach im Uhrzeigersinn erzählen, bei welchen Dingen sie auch schon einmal die Hilfe von einem anderen Kind gebraucht haben. Das können banale Sachen sein, wie z. B. Schuhe binden oder ein Buch vom Regal holen.

Variante:
Die Kinder verwenden den Text für ein Rollenspiel. Ein Kind kniet sich auf den Boden, auf dem Sie Papierschnipsel verteilen. Es sagt den ersten Satz. Daraufhin dürfen vier weitere Kinder sich der Reihe nach dazu gesellen und jeweils eine Satz sagen. Am Schluss sagt das Kind den letzten Satz. Sobald es jedoch den Daumen hochhebt, helfen alle mit und räumen die Sachen auf dem Boden auf, indem sie die Schnipsel in den Papierkorb geben.

Ein Kind kann sich schnell überfordert fühlen, wenn es zu viel zu tun gibt. Miteinander gelingt jedoch eine Aufgabe meist im Handumdrehen und macht so auch viel mehr Spaß. Mithilfe eines Rollenspiels, bei dem die Kinder gemeinsam Papierschnipsel vom Boden aufkehren, wird das den Kindern eindrucksvoll vor Augen geführt.

Helfen, um das Ziel zu erreichen

Alter: ab 4 Jahren

Material: Bauklötze, 1 Stoppuhr oder Uhr mit Sekundenzeiger

Zeitaufwand: 3–6 Minuten

Spielort: Bauecke

Spielverlauf:
Zu Beginn legen Sie in der Bauecke mit den Bauklötzen einen runden Kreis auf den Boden. Die Aufgabe der Kinder besteht nun darin, auf dem Fundament einen runden Turm mithilfe der übrigen Bauklötze zu errichten.
Auf ein Kommando von Ihnen geht es los. Die Kinder helfen alle mit und bauen Hand in Hand den Turm auf, der allmählich in die Höhe wächst. Nach drei Minuten beenden Sie jedoch für alle den Turmbau abrupt. Konnten die Kinder alle Blauklötze benutzen oder, falls sehr viele zur Verfügung standen, mehr als die Hälfte davon verwenden? Falls ja, haben alle nicht nur am Bauwerk mitgeholfen, sondern auch als Team die Zielvorgabe erreicht.
Unabhängig davon, können die Kinder das Spiel wiederholen, um ihre vorherigen Leistung zu verbessern oder ggf. noch zu toppen.

Indem die Kinder einen hohen Turm bauen, lernen sie als Team zu arbeiten und sich bei Bedarf auch gegenseitig zu helfen. Denn nur so schaffen sie es, das Bauwerk trotz Zeitdruck zu errichten. Eine tolle Übung, bei der die Kinder nur dann das Ziel erreichen können, wenn alles Hand in Hand verläuft.

Kann ich dir helfen?

Alter: ab 3 Jahren

Material: 1 Pflaster; evtl. 1 Taschentuch

Zeitaufwand: 3–5 Minuten

Spielort: Stuhlkreis

Spielverlauf:
Alle Kinder sitzen im Stuhlkreis beisammen.
Eines von ihnen, das Sie namentlich benennen, tut so, als ob es sich am Arm verletzt hat. Ein weiteres Kind erhält von Ihnen ein Pflaster und darf auf das betreffende Kind zugehen, um ihm seine Hilfe anzubieten. Dabei kann das Kind z. B. sagen:

„Du bist verletzt! Möchtest Du ein Pflaster haben?"

Das betreffende Kind nimmt dankend die Hilfe bzw. das Pflaster an und tauscht mit ihm den Platz. Danach darf das Kind im Innenkreis auf ein anderes Kind zugehen, das nun so tut, als ob es sich z. B. am Fuß verletzt hat.
Auf diese Weise finden noch ein paar Spielrunden statt.

Variante:
Eines der Kinder, das auf der Kreisbahn sitzt, tut so, als ob es z. B. den Reißverschluss seiner Jacke nicht öffnen oder seine Schuhe nicht binden kann. Es kann aber auch einfach „nur" einen Schnupfen haben.
Dabei darf immer dasjenige Kind, das sich gerade im Innenkreis befindet, auf das betreffende Kind zugehen, um ihm seine Hilfe anzubieten. Das kann im letzteren Fall dann ein Taschentuch sein.

Im Kindergarten kommen viele Kinder zusammen, die sich in bestimmten Situationen gegenseitig unterstützen und helfen können. Das kann beim Jackenanziehen, Schuhebinden, beim Basteln oder gar beim Zähneputzen sein. Damit das jedoch gut gelingt, sollten die Kinder auch üben, nicht nur nach Hilfe zu fragen, sondern auch anderen ihre Unterstützung anzubieten.

Ich kann dir dabei helfen

Alter: ab 4 Jahren

Material: für jedes Kind 1 rundes Faltblatt

Zeitaufwand: 3–5 Minuten

Spielort: Stuhlkreis

Spielverlauf:
Die Kinder holen sich jeweils ein rundes Faltpapier und setzen sich zusammen in den Stuhlkreis. Miteinander überlegen sie, wie sie sich im Kindergarten gegenseitig helfen können. Das kann z. B. beim Aufräumen der Spielsachen, beim Malen und Basteln oder gar Anziehen sein.
Eines der Kinder geht in Richtung Kreismitte und sagt z. B.:

„Ich kann dir beim Schuhebinden helfen."

Daraufhin kann es auf ein Kind zugehen, sich vor das Kind hinknien und dabei so tun, als ob es ihm beim Schuhebinden helfen würde. Unabhängig davon, legt es sein rundes Faltpapier in die Kreismitte und tauscht mit dem Kind dem Platz, das auf ein anderes zugeht und dann z. B. sagt:

„Ich kann dir beim Herrichten der Malsachen helfen."

Das geht so immer weiter, bis alle Kinder an der Reihe gewesen sind und die Faltblätter im Innenkreis liegen.
Im Anschluss daran können Sie die Kinder noch einmal auf die große Hilfsbereitschaft in der Gruppe aufmerksam machen, die den Kindern durch die Vielzahl an Faltblättern bewusst gemacht wird.

Im Kindergartenalltag gibt es unzählige Möglichkeiten spontan zu handeln, falls Hilfe benötigt wird. Machen Sie die Kinder auch darauf aufmerksam, dass sie nicht nur helfen, sondern auch einem anderen Kind zeigen können, wie man am besten z. B. Schuhe binden oder eine Jacke anziehen kann. Indem die Kinder lernen es selbst zu tun, stärkt das vor allem auch ihr Selbstvertrauen.

Hallo! Soll ich dir helfen?

Alter: ab 3 Jahren

Material: für jedes zweite oder dritte Kind 1 Keilrahmen oder 1 DIN-A3-Blatt Papier in Weiß, Papierschnipsel und Klebstifte, 1 Bleistift o. Ä.

Zeitaufwand: 10–15 Minuten

Spielort: Tisch

Spielverlauf:
Für die Hälfte der Gruppe zeichnen Sie auf die Keilrahmen oder weißen Blatt Papiere jeweils einen Fischumriss oder dergleichen. Außerdem legen Sie den Kindern Klebestifte und jede Menge Papierschnipsel auf den einzelnen Tischen bereit.
Die übrigen Kinder dürfen jeweils ein Kind, das dann am Tisch sitzt, fragen, ob sie ihm beim Gestalten des Fisches helfen sollen. Falls jedoch ein Kind am Tisch die Frage verneint, sucht sich das betreffende Kind ein anderes Kind aus, das noch kein Partnerkind neben sich sitzen hat.
Erst wenn alle Kinder an den Tischen sitzen, darf jedes 2er-Team das vor ihnen aufgezeichnete Motiv mit Papierschnipsel bekleben.
Im Anschluss daran gehen die Kinder um die einzelnen Tische, auf denen die Kunstwerke liegen, herum. Dabei werden sie sicherlich erstaunt sein, was daraus mit vereinten Kräfte letztendlich entstanden ist.

Bei diesem Praxisangebot sollen die Kinder lernen zu fragen, ob sie jemandem behilflich sein dürfen. Gleichzeitig sollen sie jedoch lernen, ein „Nein!“ zu respektieren, falls ein Kind aus der Gruppe das Hilfsangebot nicht annehmen möchte. Das ist jedoch gerade für Kinder, die unbedingt bei einer Aktion dabei sein wollen, gar nicht immer so einfach zu akzeptieren.

Bei der Suche helfen

Alter: ab 3 Jahren

Material: Spielsachen, die mehrmals im Gruppenraum vorhanden sind, wie z. B. Holzfiguren, Puzzleteile und Würfel

Zeitaufwand: 5–10 Minuten

Spielort: Gruppenraum

Spielverlauf:
Eines der Kinder holt sich z. B. eine Holzfigur. Alle übrigen Kinder stehen mit dem Gesicht direkt vor eine Wand.
Das Kind möchte jetzt von den übrigen Kinder wissen, wo sich noch weitere solche Holzfiguren befinden. Es bittet die Kinder, ihm bei der Suche zu helfen. Die Kinder drehen sich um und entscheiden selbst, ob sie es tatkräftig unterstützen wollen oder nicht. Dabei tut das Kind so, als ob es nicht weiß, wo sich die weiteren Holzfiguren befinden.
Erst wenn ein oder mehrere Holzfiguren gefunden wurden, dann darf das Kind eines von denjenigen Kindern auswählen, das sich an der Suche beteiligt hat. Das betreffende Kind eröffnet dann auf die gleiche Weise mit einem weiteren Spielzeug eine neue Spielrunde. Bevor das jedoch geschieht, bedankt sich das Kind aus der ersten Spielrunde bei alle Kindern, die ihm bei der Suche geholfen haben, per Handschlag. Auf diese Weise bringt das Kind gegenüber den anderen Kindern seine Wertschätzung und Anerkennung zum Ausdruck.

Hinweis:
Spielt eine größere Anzahl an Kindern mit, bilden die Kinder zwei bis drei Gruppen. Auf diese Weise sind dann mehrere Gruppen unterwegs, um das Spielzeug von ihrem Teammitglied zu suchen, das wieder mehrfach vorhanden sein muss.

Jeder von uns hat schon einmal etwas gesucht, das man unbedingt braucht, jedoch einfach nicht finden kann. Umso dankbarer ist man dann für jede helfende Hand, die uns in einer solchen Situation tatkräftig unterstützt. Indem die Kinder das Suchspiel durchführen, erfahren sie, das sich vieles mit vereinten Kräften wesentlich leichter und schneller meistern lässt.

Unsere Küchenhelfer

Alter: ab 3 Jahren

Material: 1 Korb, 6–7 Küchenhelfer, die jedoch mehrmals in verschiedenen Größen und Formen vorkommen können, wie z. B. 1 Schneebesen, unterschiedliche Kochlöffel und Soßenlöffel

Zeitaufwand: 5–10 Minuten

Spielort: Tisch

Spielverlauf:
Zu Beginn legen Sie ein paar Küchenhelfer in einen Korb. Danach setzen Sie sich zu den Kindern an den Tisch.
Machen Sie nun den Kindern bewusst, dass es in jeder Küche auch sogenannte Küchenhelfer gibt, ohne die wir sonst nicht so einfach kochen oder backen könnten. Holen Sie nun einen Gegenstand aus dem Korb, den die Kinder im Uhrzeigersinn von einer Hand zur anderen wandern lassen. Dabei sagen sie laut:

„In der Küche ist viel los
Welche Helfer gibt es bloß?"

Dasjenige Kind, das am Ende den Gegenstand in der Hand hält, darf diesen benennen und sagen, für was der Gegenstand gebraucht werden kann. Sobald Sie die Antwort bestätigen, legt es den Gegenstand auf die Tischmitte. Danach holen Sie einen anderen Gegentand aus dem Korb, den die Kinder mit dem vorherigen Spruch auf die gleiche Weise im Uhrzeigersinn herumreichen. Sollte jedoch am Ende ein Kind, das schon an der Reihe gewesen ist, den Gegenstand in den Händen halten, dann reicht es diesen einfach einen Platz weiter links im Kreis herum. Erst wenn alle Küchenhelfer auf dem Tisch liegen, sagen Sie laut:

„Zum Glück gibt es in unserer Küche solche Sachen, mit denen wir kochen und noch viel mehr machen."

Anhand von einfachen Küchenhelfern können Sie den Kindern verdeutlichen, wie wichtig diese Werkzeuge, aber auch Küchengeräte bei der Zubereitung von Lebensmitteln sind. Sie helfen Arbeitsschritte abzunehmen und natürlich auch wertvolle Zeit zu sparen. Genauso verhält es sich auch in der Gruppe. Machen Sie den Kinder bewusst, dass vieles viel leichter von der Hand geht, wenn alle in der Küche mithelfen. Auf diese Weise lassen sich auch nervige Küchenaufgaben, wie z. B. Geschirr abtrocknen, besonders gut erledigen.

Wer braucht Hilfe?

Alter: ab 3 Jahren

Material: verschiedene Dinge für eine Bewegungslandschaft, wie z. B. 1 Barren, mehrere Gymnastikseile, 1 Sprossenwand, 5–6 Gymnastikreifen, 1 Turnmatte (12 × 12 m). 5–6 Sprungkästen und ein paar Turnmatten als Fallschutz

Zeitaufwand: 10–15 Minuten

Spielort: Bewegungsraum

Spielverlauf:
Bauen Sie eine Bewegungslandschaft mit vier bis fünf Stationen zum Hindernisse überwinden auf.
Die Kinder dürfen sich jeweils eine der Stationen aussuchen, die jedoch nicht für alle ausreichen. Die übrigen Kinder haben nun die Aufgabe, die Kinder vom Platz aus zu beobachten und nachzufragen, falls sie das Gefühl haben sollten, dass ein Kind ihre Hilfe benötigt. Sie können aber auch helfen, wenn sie darum gebeten werden. Damit jedoch nicht alle Kinder auf einmal angelaufen kommen, soll das Kind seine Helfer*innen namentlich benennen.
Im Anschluss daran tauschen die Kinder ihre Rollen und wiederholen das Helferspiel.

Beispiele:
Wackelbrücke: 1 Barren, an dessen beiden Stangen mehrere Seile als Stufen angebracht werden, siehe Abbildung S. 95.
Fallschirmspringen: 1 Sprossenwand zum Hochklettern und auf den Boden springen.
Inselhopping: 5–6 Gymnastikreifen in einer Reihe zum Hinein- und Herausspringen.
Berg und Tal: 1 Turnmatte (12 × 12 Meter) zum Bodenturnen, unter der in größeren Abständen kleine Sprungkästen platziert werden. Auf diese Weise entstehen Hindernisse, die beim Überqueren der Matte zu überwinden sind.

Wer braucht Hilfe? Bei diesem Praxisangebot sollen die Kinder ihren Blick für andere Kinder schulen, die Unterstützung und Hilfe brauchen. Darüber hinaus sollen sie auch lernen, selbst andere um Hilfe zu bitten, falls sie eine Aufgabe aus eigener Kraft nicht so gut meistern können.

Zeig mir, wie das geht!

Alter: ab 3 Jahren

Material: für jedes Kind 1 Buch

Zeitaufwand: 3–5 Minuten

Spielort: Gruppenraum

Spielverlauf:
Immer zwei Kinder bilden ein Paar und holen sich zwei Bücher.
Das erste Kind darf dem anderen Kind zeigen, wie es z. B. das Buch auf der flachen Hand halten oder gar auf dem Kopf balancieren kann. Das zweite Kind darf alles nachahmen. Falls das jedoch nicht so gut gelingt, versucht das erste Kind dem zweiten Schritt für Schritt zu zeigen und zu erklären, wie es geht. Bei Bedarf kann es auch das Buch gegen ein anderes, das vielleicht nicht so groß und dick ist, austauschen.
Im Anschluss daran findet ein Rollenwechsel statt.

Variante:
Im Gegensatz zu dem vorherigen Spiel darf jeweils ein Kind zwei bis drei Kindern zeigen, wie es z. B. ein Buch auf dem Kopf balanciert. Die Kleingruppe beobachtet alles genau und darf alles nachahmen. Dabei kann das Kind behilflich sein, falls es erforderlich und erwünscht sein sollte.

Hinweis:
Anstelle der Bücher können die Kinder auch Softbälle, Gymnastikreifen oder dergleichen benutzen.

Bei dieser Praxisidee sind die Kinder stolz darauf, dass sie ihr Können zeigen dürfen und dabei auch ihrem Gegenüber, falls nötig, erklären, wie es geht.
Dabei spielt es jedoch keine Rolle, ob am Ende allen die Aufgabe gelingt oder nicht.
Maßgebend sollte sein, dass die Kinder sich gegenseitig helfen und aufeinander verlassen können, wenn es darauf ankommt.

Vom Geben und Nehmen

Wie Kinder spielerisch teilen lernen und dabei auch Vorteile haben

Es gibt so viele Dinge, die man teilen kann: Konsumgüter, Kleidung, Lebensmittel, Zeit, Freude und sogar Leid. Dabei kann nicht nur das Teilen, sondern auch das Schenken glücklich machen. Das trifft vor allem dann zu, wenn man von Herzen etwas gibt, das eine andere Person gut gebrauchen kann oder von dem man glaubt, dass es die Person aufmuntern und ihr viel Freude bereiten wird. Damit jedoch Kinder lernen etwas zu geben und somit von anderen Personen nicht als egoistisch oder schlecht erzogen hingestellt werden, müssen sie zunächst einmal erahnen können, wie es jemandem gerade geht. Je größer die Empathie ist, desto eher wird ein Kind auf etwas Bestimmtes für einen bestimmten Zeitraum oder sogar ganz verzichten können.

In diesem Kapitel üben die Kinder das Geben und Nehmen und zwar, ohne dass sie dazu von Ihnen überredet werden müssen. Spielerisch soll den Kindern bewusst gemacht werden, dass sie nicht zu kurz kommen, wenn sie z. B. Spiel-, Mal- und Bastelsachen teilen sollen. Unabhängig davon, sollen die Kinder jedoch zwischen „Mein" und „Dein" unterscheiden lernen und nicht einfach etwas wegnehmen, das jemand anderem gehört oder von einem Kind aus ihrer Gruppe bereits beansprucht wird. Dabei ist es gut zu wissen, dass es häufig nicht darum geht, was ein anderes Kind gerade hat, sondern um den Spielspaß, der dabei dem Kind vermittelt wird. Deshalb sollten Kinder fragen lernen, ob sie bei einem Spiel mitmachen oder einfach zu einem späteren Zeitpunkt die gewünschten Sachen haben dürfen. Dabei sollen sie auch Sachen teilen üben, nicht gleich in Tränen auszubrechen, falls mal etwas nicht so läuft, wie sie es vielleicht gerne haben möchten.

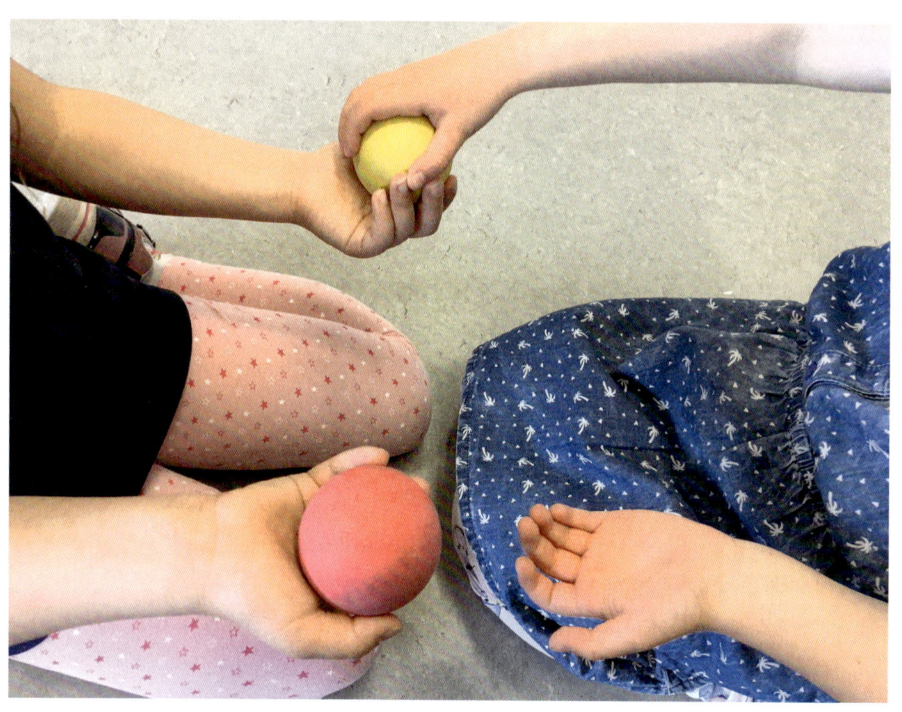

„Geben und Nehmen, ein Gesetz aller Entwicklung."

Christian Morgenstern (1871–1914), deutscher Dichter, Schriftsteller und Übersetzer

Ich teile gerne

Alter: ab 3 Jahren

Material: –

Zeitaufwand: 3 Minuten

Spielort: Stuhlkreis

Spielverlauf:

Der Erste sagt „Kann ich bitte etwas Obst von dir haben?
Mir knurrt so schrecklich der Magen!"

Zwei Fäuste bilden. Erst den linken Daumen in der Luft zappeln lassen und ...

Der Zweite sagt: „Ich teile gerne, das was ich gerade habe.
Das ist für mich überhaupt keine Frage!"

dann den rechten Daumen in der Luft zappeln lassen.

Der Erste sagt: „Das ist wirklich nett! Ich bedanke mich sehr!"

Und wieder den linken Daumen in der Luft zappeln lassen und ...

Der Zweite sagt: „Geht's dir gut, freut es mich umso mehr!"

dann den rechen Daumen hochheben.

Variante:

Die Kinder sitzen am Tisch vor ihren Brotdosen und verwenden den Text für ein Rollenspiel.

Im Anschluss daran können Sie die Gruppe fragen, ob sie auch schon einmal etwas mit anderen geteilt hat. Das kann nicht nur das Pausenbrot, Obst und Gemüse, sondern auch etwas zum Spielen oder Anziehen sein. Die Kinder dürfen sich der Reihe nach dazu äußern.

Einem Kind etwas Leckeres geben, das z. B. vor seiner leeren Brotdose sitzt und noch Hunger hat, ist eine schöne Geste. Mithilfe des Rollenspiels wird den Kindern bewusst gemacht, wie sehr sich andere darüber freuen, wenn sie etwas bekommen, was sie gut gebrauchen können. Dabei kann es sich auch um Dinge handeln, die jemand im Überfluss hat und gerne teilen oder gar ganz verschenken möchte.

Spielzeug teilen

Alter: ab 3 Jahren

Material: 1 Püppchen o. Ä.

Zeitaufwand: 3–5 Minuten

Spielort: Kreis, evtl. Gruppenraum

Spielverlauf:
Während die Kinder einen Kreis bilden, holen Sie sich ein Püppchen, mit dem Sie sich zwischen zwei Kindern auf die Kreisbahn stellen.
In Gedanken sollen die Kinder sich nun vorstellen, wie ein Kind traurig ist, da es gerne ein Püppchen haben möchte. Die Kinder dürfen nun das Geben und Nehmen üben. Dabei wenden Sie sich demjenigen Kind zu, das links neben Ihnen auf der Kreisbahn steht und nun einen traurigen Gesichtsausdruck macht. Während Sie dem betreffenden Kind das Püppchen geben, sagen Sie z. B. folgenden Satz:

„Du musst nicht traurig sein. Ich gebe dir gerne mein Püppchen!"

Daraufhin bedankt sich das Kind mit einem Lächeln im Gesicht und übergibt dann das Püppchen seinem linken Nachbarkind, das nun traurig in Richtung des Püppchens schaut.
Auf diese Weise geht's immer weiter, bis Sie das Püppchen wieder in den Händen halten.

Variante:
Drei bis vier Kinder führen ein Rollenspiel der Gruppe vor.
Zu Beginn sitzt ein Kind traurig in einer Ecke. Alle übrigen haben ein paar Püppchen und bemerken das traurige Kind. Die Aufgabe der Kinder besteht darin, auf das traurige Kind zuzugehen, um ihre Püppchen mit dem Kind zu teilen. Dabei sollen sie auch das Kind fragen, ob es vielleicht mitspielen möchte. Das Kind macht einen fröhlichen Gesichtsausdruck und bedankt sich für das Spielangebot.

Spielerisch können bereits jüngere Kindergartenkinder üben, die zur Verfügung stehenden Spielsachen im Gruppenraum zu teilen. Was nützt es letztendlich, vor einem Berg voller Spielzeuge zu sitzen, wenn man keine Freunde zum Mitspielen hat. Machen Sie den Kindern bewusst, dass man durchaus auch alleine mit den Sachen spielen kann, jedoch das Ganze mit anderen besonders viel Spielspaß bringt.

Die Schaukel ist für alle da

Alter: ab 4 Jahren

Material: Spielgeräte, 1 Handtrommel

Zeitaufwand: 10–15 Minuten

Spielort: Außengelände oder Spielplatz

Spielverlauf:
Zu Beginn wählen Sie zwei beliebige Kinder aus, die gerne miteinander schaukeln möchten.
Während nun beide schaukeln, warten die anderen geduldig ab, bis Sie trommeln. Das ist das Zeichen für die übrigen Kinder zu fragen, ob sie jetzt auch schaukeln dürfen. Die beiden Kinder suchen sich jeweils ein Partnerkind aus, mit dem sie den Platz tauschen. Dabei können die übrigen Kinder ihren Daumen hochheben, um zu zeigen, wie sehr sie das schätzen, dass die beiden Kinder ihren Platz tauschen. Danach dürfen zwei neue Kinder wieder so lange miteinander schaukeln, bis Sie erneut trommeln. Die beiden Kinder tauschen mit jeweils einem Kind, das gerne schaukeln möchte und noch nicht an die Reihe gekommen ist, ihren Platz. Auf diese Weise geht's immer weiter, bis alle Kinder einmal schaukeln konnten.

Hinweis:
Sollte keine Schaukel vorhanden sein, können Sie auch andere Spielgeräte, wie z. B. eine Wippe, ein Klettergerüst oder dergleichen verwenden.

Im Außengelände oder auf einem Spielplatz die zur Verfügung gestellten Spielgeräte zu teilen, ist für manche Kinder nicht so einfach. Da wird geschaukelt, geklettert und gerutscht und manchmal auch vorgedrängelt, damit man möglichst oft an die Reihe kommt. Mithilfe des Wahrnehmungsspiels lernen die Kinder nach einer gewissen Zeit, ihren Platz freizumachen und somit auch mal zurückzustecken.

Interessen teilen

Alter: ab 5 Jahren

Material: –

Zeitaufwand: 5–10 Minuten

Spielort: Stuhlkreis

Spielverlauf:
Alle sitzen zusammen im Stuhlkreis.
Ein Kind, das sich freiwillig meldet, darf sich in eine Ecke setzen und so tun, als ob es traurig wäre. Zwei weitere Kinder, die Sie ebenfalls aufrufen, gehen auf das betreffende Kind zu und reichen ihm im wahrsten Sinne des Wortes die Hand. Sie fragen das Kind, welche Interessen es hat und ob es mit ihnen spielen möchte. Wurde ein gemeinsames Spiel gefunden, das alle interessiert, steht das Kind auf und geht mit den Zweien voller Freude z. B. in Richtung Puppenecke. Die übrigen Kinder beobachten die Szene vom Platz aus, die nun ein guter Anlass für eine Diskussionsrunde sein kann. Dabei können Sie den Kindern die folgenden Fragen stellen:

- Weshalb ist das Kind so traurig gewesen?
- Was haben die beiden Kinder in dieser Situation gemacht?
- Weshalb ist das Kind wieder so fröhlich?
- Gibt es auch Interessen, die du mit anderen teilst?

Mithilfe des Rollenspiels soll den Kindern bewusst gemacht werden, dass man nicht nur materielle Dinge, sondern auch Interessen und Vorlieben miteinander teilen kann. Das kann z. B. ein bestimmtes Hobby oder Spiel sein, das alle gerne machen möchten.

Mit wem hast du etwas geteilt?

Alter: ab 5 Jahren

Material: für jedes Kind 1 weißes DIN-A3-Blatt Papier, Wachmalstifte; evtl. 1 dunkles DIN-A2-Tonpapier, verschiedene Dinge, die man teilen kann, wie z. B. Musikinstrumente, der Inhalt einer Brotdose, Wachsmalstifte, Knetmasse, Würfel, Wolle und Faltpapier

Zeitaufwand: 15–20 Minuten

Spielort: Tisch

Spielverlauf:
Die Kinder holen ihre Malutensilien und setzen sich an einen Tisch.
Auf Ihre Anweisung hin sollen sie sich überlegen, was sie schon einmal mit anderen Personen geteilt haben. Das können z. B. Spielsachen, Lebensmittel oder Kleidungsstücke sein. Jedes Kind darf nun ein paar Personen, die ihm dabei spontan in den Sinn kommen, auf sein Blatt Papier malen.
Im Anschluss daran dürfen die Kinder der Reihe nach im Uhrzeigersinn ihre Werke vorstellen und dabei die Personen benennen, die sie gemalt haben.
Dabei können sie auch sagen, welche Dinge sie mit den ausgewählten Personen geteilt haben.

Variante:
Die Kinder suchen sich ein paar Sachen aus, die sie mit anderen schon einmal geteilt haben. Die Sachen legen sie dann auf ein großes dunkles Tonpapier, sodass daraus eine Art Collage entsteht.
Indem sie dann der Reihe nach ihre Sachen vorstellen, fällt ihnen vielleicht auch noch ein, mit wem genau sie das eine oder andere geteilt haben.

Indem die Kinder sich auf die Suche nach Dingen machen, die sie miteinander teilen können, wird ihnen bewusst gemacht, was sie so alles miteinander teilen können. Und mit wem haben sie die Sachen geteilt?
Das können nicht nur die Kinder aus dem Kindergarten, sondern z. B. auch Geschwister, Freunde oder gar die Eltern sein.

Gerecht teilen macht glücklich

Alter: ab 4 Jahren

Material: für jedes Kind 1 weißes DIN-A3-Blatt Papier, 3 Wachsmalstifte

Zeitaufwand: 5–10 Minuten

Spielort: Tisch

Spielverlauf:
Die Kinder sitzen um einen Tisch herum, auf dem Sie die o. g. Malutensilien legen. Die Aufgabe der Kinder besteht darin, die Sachen alle gerecht aufzuteilen, sodass jedes Kind am Ende ein Blatt Papier und drei Wachsmalstift vor sich liegen hat. Eines der Kinder fängt an und nimmt sich auf ihre Bitte hin ein Blatt Papier, das es direkt vor einem anderen Kind auf den Tisch legt. Dabei sagt es laut:

„Ich gebe dir ein Blatt Papier!"

Das betreffende Kind bedankt sich und tut es ihm gleich, indem es ein weiteres Blatt Papier holt und direkt vor einem anderen Kind auf dem Tisch platziert. Dabei sagt es ebenfalls den vorherigen Satz.
Auf diese Weise geht es immer weiter, bis alle Kinder jeweils ein Blatt Papier vor sich liegen haben.
Danach erhalten die Kinder die Aufgabe, die Stifte gerecht untereinander aufzuteilen, sodass jedes Kind drei Wachsmalstifte erhält und mit dem Endergebnis glücklich und zufrieden sein kann.

Wie teilt man die Wachsmalstifte untereinander auf, sodass alle Kinder am Tisch zufrieden sind und somit die gleiche Anzahl an Wachsmalstiften zur Verfügung haben? Um zu lernen, Sachen gerecht zu teilen, eignen sich Praxisangebote, bei denen die Kinder das Ganze spielerisch üben können. Dabei kann es jedoch auch so wie hier dargestellt durchaus erst mal ungerecht zugehen, bevor sie erkennen und verstehen, wie es wesentlich besser funktionieren kann.

Den Sitzplatz teilen

Alter: ab 3 Jahren

Material: 1 Sitzbank, Turnbank o. Ä.

Zeitaufwand: 3–5 Minuten

Spielort: Gruppenraum oder Turnhalle

Spielverlauf:
Eine einfache Sitzbank soll Platz für alle Kinder bieten und somit von den Kindern geteilt werden.
Dazu stellen sich alle Kinder ca. drei Meter gegenüber der Sitzbank in einer Reihe auf. Ein beliebiges Kind setzt sich auf die Bank und bittet ein weiteres Kind, sich zu ihm zu gesellen. Dabei kann es z. B. Folgendes sagen:

„Luna komm zu mir! Ich teile mit dir die Bank!"

Daraufhin darf das Kind, das in diesem Fall Luna heißt, in Richtung Sitzbank gehen und sich zu dem Kind auf die Bank setzen. Anschließend ruft es auf die gleiche Weise ein anderes Kind namentlich herbei.
Indem ein Kind nach dem anderen hinzukommt, müssen die Kinder auf der Bank immer mehr zusammenrücken, damit alle einen Platz bekommen. Dabei können diejenigen Kinder, die bereits eng beisammen auf der Bank sitzen, die übrigen Kinder auf den Schoß nehmen. Der Fantasie sind hierbei keine Grenzen gesetzt.
Schaffen es die Kinder, miteinander die Bank ohne Geschrei und Streit zu teilen? Falls ja, haben Sie die Aufgabe mit Bravour gemeistert.
Das Spiel ist beendet, sobald alle Kinder auf irgendeine Weise zusammen auf der Bank sitzen.

Indem die Kinder einen Platz z. B. auf einer Bank, auf einer Turnmatte oder am Tisch mit anderen Kindern teilen, kann es relativ schnell zwischen den Kindern zu Reibereien kommen. Damit jedoch die Kinder lernen, auch für andere Platz zu machen und somit nicht nur auf ihrem Recht zu bestehen, bieten sich derartige Praxisideen geradezu an, bei denen so ganz nebenbei Kommunikation, Ideenreichtum und Kompromissbereitschaft gefördert werden.

Lasst uns die Freude teilen

Alter: ab 4 Jahren

Material: –

Zeitaufwand: 3–5 Minuten

Spielort: Stuhlkreis

Spielverlauf:

Miteinander Freude teilen ist das Schönste auf der Welt.
Alle zehn Finger in der Luft zappeln lassen

Miteinander Freude teilen kostet überhaupt kein Geld.
Den Daumen gegen den Zeige- und Mittelfinger reiben (Geste für Geld).

Wir können gemeinsam Spaß haben und viel lachen.
Alle zehn Finger in der Luft zappeln lassen

Wir können gemeinsam so viele schöne Sachen machen.
Beide Arme weit über den Kopf ausstrecken und seitlich zum Oberkörper führen.

Miteinander Freude teilen ist das Schönste auf der Welt.
S. o.

Miteinander Freude teilen kostet überhaupt kein Geld.
S. o.

Im Anschluss daran dürfen die Kinder der Reihe nach links im Kreis herum erzählen, welch tolle Erlebnisse, die ihnen viel Freude bereitet haben, sie bereits mit ihren Freunden geteilt haben. Das kann z. B. ein Ausflug, eine Geburtstagsfeier oder gar eine Übernachtung im Kindergarten gewesen sein.

Mithilfe des Fingerspiels, bei dem alle zehn Finger den Spaß verdeutlichen, den man mit Freunden besonders gut haben kann, wird den Kindern bewusst gemacht, wie schön es sein kann, wenn man miteinander viele Erfahrungen und Erlebnisse und die damit verbundene Freude teilt.

Natur für alle

Alter: ab 4 Jahren

Material: 1 Klangschale

Zeitaufwand: 5–10 Minuten

Spielort: Kreis

Spielverlauf:
Die Kinder bilden einen großen Kreis, in dessen Mitte Sie eine Klangschale auf den Boden platzieren.
Die Kinder sollen sich nun auf Ihre Anweisung hin vorstellen, was ihnen die Natur schenkt und sie miteinander teilen können. Die Kinder gehen der Reihe nach im Uhrzeigersinn kurz in die Kreismitte, um etwas Schönes zu benennen. Das können z. B. Bäume, Wiesenblumen, Zapfen, Blätter oder gar die frische Waldluft sein. Bevor jedoch ein Kind sich wieder auf die Kreisbahn stellt, schlägt es sie die Klangschale in der Kreismitte an. Die übrigen Kinder schließen dann ihre Augen, um sich das Gesagte in Gedanken besser vorstellen zu können.
Sobald jedoch alle Kinder an der Reihe gewesen sind, sollten Sie den Kindern bewusst machen, dass wir alle die Natur pflegen und schützen müssen, damit wir leben und uns daran erfreuen können. Dabei können Sie den Kindern Beispiele geben, wie z. B. keinen Abfall im Wald hinterlassen, keine Äste abbrechen oder sich einfach ruhig verhalten, damit die Tiere nicht unnötig gestört werden.

Der Klang einer Klangschale lädt die Kinder bei diesem Praxisangebot dazu ein, ruhig und entspannt über die Dinge nachzudenken, die sie in der freien Natur miteinander teilen und genießen können. Das können auf den ersten Blick auch ganz banale Dinge, wie das Vogelgezwitscher oder der Duft der Wiesenblumen sein. Indem die Kinder sich bewusst mit der Natur befassen und dabei das Spiel nach Möglichkeit im Wald oder auf der Wiese durchführen, lernen sie die Natur zu achten und wertzuschätzen.

Wissen teilen

Alter: ab 5 Jahren

Material: 1 Softball; evtl. 1 Knetmasse

Zeitaufwand: 5–10 Minuten

Spielort: Kreis; evtl. Tisch

Spielverlauf:
Die Kinder sitzen zusammen im Kreis.
Erklären Sie den Kindern, dass sie ihr Wissen vertiefen und erweitern können, wenn sie es miteinander teilen. Wie das nun konkret in der Praxis aussehen kann, soll mit dem folgenden Ballspiel verdeutlicht werden:
Eines der Kinder erhält von Ihnen einen Ball. Es darf der Gruppe ein Ballspiel vorstellen, indem es vom Platz aus z. B. den Ball unaufhörlich in die Luft wirft und fängt. Danach wirft es den Ball einem anderen Kind zu, das sich per Handzeichen meldet. Das betreffende Kind stellt ein weiteres Ballspiel vor, indem es z. B. den Ball zwischen seinen gegrätschten Beinen in Richtung eines anderen Kindes rollt, das dann an der Reihe ist.
Auf diese Weise geht's immer weiter, bis möglichst viele verschiedene Ballspiele gefunden wurden, auf die nicht jedes Kind sofort kommen würde.

Variante:
Die Kinder holen sich etwas Knetmasse, bilden Paare und nehmen am Tisch Platz. Dabei darf immer eines von beiden dem anderen zeigen, was man mit der Knetmasse machen kann. Das zweite Kind beobachtet alles genau und macht alles möglichst genauso nach.
Im Anschluss daran findet dann ein Rollenwechsel statt.

Mithilfe der Praxisidee wird den Kindern verdeutlich, dass sie nicht nur ihr Wissen miteinander teilen, sondern auch den anderen Kindern aus ihrer Gruppe zeigen können, wie das Ganze dann in der Praxis aussehen kann. Indem sie nicht nur das, was sie wissen preisgeben, sondern auch zeigen, wie es geht, wird vor allem auch ihr Selbstbewusstsein gestärkt.

Vom Einzelkämpfer zum Teamplayer

Spielerisch Vertrauensbildung, Kooperations- und Hilfsbereitschaft fördern

Teamfähig sein ist eine soziale Kompetenz und in einer Welt, die immer mehr zusammenrückt, nicht mehr wegzudenken. Es kommt jedoch darauf an, wie ein Ziel gemeinsam erreicht werden soll. Hierbei ist besonders maßgebend, was die einzelnen Individuen unter Teamarbeit verstehen, denn umso besser ein Team funktioniert, desto erfolgreicher ist die Zusammenarbeit. Deshalb ist ein respektvoller Umgang, eine gute Kommunikation, Wertschätzung und Vertrauen sowie das Nutzen der Stärken jedes Einzelnen unerlässlich. Auf diese Weise lassen sich auch Schwächen, die jedes Teammitglied hat, gut ausgleichen.

In diesem Kapitel werden Spiele ohne Sieger und Verlierer vorgestellt, bei denen die Kinder ihre ersten relevanten Teamerfahrungen sammeln können. Dabei lernen die Kinder aufeinander zuzugehen, mehrere Teams, falls erforderlich, zu bilden, Spiel- und Verhaltensregeln kennen und nicht zuletzt ein gemeinsames Ziel zu vereinbaren. Indem sie ihre Stärken für die gemeinsame Sache einbringen und sich als ein wichtiger Teil der Gemeinschaft erleben, wird der Teamgeist, das Selbstvertrauen und Zugehörigkeitsgefühl sowie die Motivation, gemeinsam ein Ziel zu erreichen, gefördert. Auf diese Weise kommen alle Kinder viel besser voran, sodass sie wesentlich schneller und erfolgreicher das erreichen können, was sie sich als Team vorgenommen haben. Und selbst wenn etwas einmal nicht so gut klappt wie erhofft, kann gerade ein starkes Team für jedes Kind eine überaus wertvolle Stütze und Hilfe sein, um mit Rückschlägen und Niederlagen besser umgehen zu können.

„Ein wohltuendes, erwärmendes Gefühl sollte ein Mensch im anderen bei dem Zusammensein erwecken; dann wäre es schön auf Gottes schöner Erde."

Jeremias Gotthelf (1797–1854), eigentlich Albert Bitzius, Schweizer Schriftsteller und Pfarrer

Alle hüpfen um den Tisch herum

Alter: ab 3 Jahren

Material: 1 Stoppuhr oder Uhr mit Sekundenzeiger

Zeitaufwand: 3–5 Minuten

Spielort: Tisch; evtl. Kreis

Spielverlauf:
Die Kinder sitzen zusammen am Tisch.
Auf Ihr Startzeichen hin stehen alle auf und hüpfen mit geschlossenen Beinen hintereinander einmal links um den Tisch herum. Danach nehmen alle wieder Platz. Stoppen Sie die Zeit, sobald die Gruppe wieder zusammen am Tisch sitzt.
In der zweiten Spielrunde dürfen die Kinder auf Ihr Kommando hin aufstehen und das Spiel genauso, jedoch gegen den Uhrzeigersinn durchführen. Dabei sollen sie als Team nach Möglichkeit die Aufgabe noch schneller meistern.

Variante:
Ein beliebiges Kind darf auf Ihr Kommando hin aufstehen und mit geschlossenen Beinen einmal im Uhrzeigersinn um den Tisch hüpfen. Erst wenn es wieder auf seinem Platz sitzt, kommt sein linkes Nachbarskind an die Reihe.
Stoppen Sie die Zeit, sobald alle Kinder an der Reihe gewesen sind und erneut zusammen am Tisch sitzen.
Danach fängt eine weitere Spielrunde an, bei der die Kinder auf die gleiche Weise, jedoch gegen den Uhrzeigersinn das Spiel durchführen. Dabei sollen sie als Team wieder ruckzuck die Aufgabe erfüllen.

Miteinander gegen die Zeit spielen und dabei versuchen in Windeseile ein Ziel zu erreichen, bringt viel Spaß, macht stark und schweißt zusammen. Spielerisch und ohne viel Zutun machen Kinder so ihre ersten relevanten Teamerfahrungen.

Auf den Tisch – Achtung fertig los!

Alter: ab 4 Jahren

Material: evtl. 1 Stoppuhr oder Uhr mit Sekundenzeiger

Zeitaufwand: 3–5 Minuten

Spielort: Tisch

Spielverlauf:

Die Kinder knien sich um einen kleinen Tisch herum.

Auf ein Kommando, das durch Sie erfolgt, sollen die Kinder mit ihren Händen so schnell wie möglich auf die Tischplatte patschen. Wie lange wird es wohl dauern, bis die Aufgabe erfüllt ist? Zählen Sie laut bis Drei.

In der nächsten Spielrunde erhalten die Kinder eine neue Aufgabe, wie z. B. mit den Fäusten auf die Tischplatte klopfen. Wie lange wird nun das Ganze dauern? Loben Sie stets die Kinder, wenn sie die Aufgabe als Team, bevor Sie bis Drei gezählt haben, gemeistert haben.

Auf diese Weise finden noch ein paar Spielrunden statt.

Variante:

Ein beliebiges Kind berührt mit seinem Zeigefinger die Tischplatte. Danach ruft es ein anderes auf, das mit dem Zeigefinger nun seinen Zeigefinger berühren darf. Das zweite Kind benennt dann ein neues Kind, das es ihm gleichtut und noch nicht an der Reihe gewesen ist.

Auf diese Weise geht's immer weiter, bis alle Kinder sich mit jeweils einem Zeigefinger aktiv am Spielgeschehen beteiligt haben. In diesem Augenblick stoppen Sie die Spielzeit, die die Kinder in der nächsten Spielrunde versuchen zu verkürzen. Das gelingt, sobald die Kinder noch schneller die Aufgabe meistern.

Miteinander als Team unter Zeitdruck funktionieren, erfordert ein hohes Maß an Vertrauen und Zuversicht, dass die Aufgabe trotz der Herausforderungen gut gelingen kann. Und wenn man dann mit dem Endergebnis nicht so zufrieden sein sollte, fängt man als ein starkes Team am besten noch einmal von vorne an.

Den höchsten Turm bauen

Alter: ab 5 Jahren

Material: jede Menge Bauklötze

Zeitaufwand: 5–10 Minuten

Spielort: Bauecke

Spielverlauf:
Je nachdem, wie viele Teams gebildet werden sollen, dürfen entweder zwei oder drei Kinder abwechselnd eines von den übrigen Kindern namentlich benennen, das in ihrem Team mitmachen darf. Die Bauklötze stehen jedem Team gleichermaßen zur Verfügung.
Auf ein Kommando, das durch Sie erfolgt, geht's los. Jedes Team darf nun so schnell wie möglich einen runden hohen Turm bauen.
Das Spiel ist aus, sobald alle zur Verfügung stehenden Bauklötze verbaut wurden und somit kein Bauklötze mehr vorhanden sind. Dasjenige Team, das am Ende den höchsten Turm vor sich stehen hat, erhält von den anderen einen kräftigten Applaus.
Im Anschluss daran kann es, falls alle noch Lust darauf haben sollten, eine Revanche geben, bei der wieder jedes Team möglichst schnell einen runden hohen Turm bauen darf.

Zwei bis drei Teams treten gegeneinander an, um einen hohen Turm zu bauen. Damit jedoch die Aufgabe gelingt, müssen die einzelnen Teams nicht nur schnell und geschickt sein, sondern auch eine Strategie entwickeln, wie sie das Ziel am besten erreichen können.

Ruckzuck in den Papierkorb

Alter: ab 3 Jahren

Material: 2 Papierkörbe, Zeitungsschnipsel

Zeitaufwand: 3–5 Minuten

Spielort: Gruppenraum

Spielverlauf:

Zu Beginn dürfen die Kinder Tageszeitungen, Prospekte und dergleichen in kleine Stücke zerreißen und überall auf den Boden im Gruppenraum verteilen. Danach teilen Sie die Kinder in zwei gleich große Gruppen ein, die als Team zusammenarbeiten dürfen. Jedes Team erhält von Ihnen einen Papierkorb, der jedoch nicht zu nah mit den anderen zusammen auf dem Boden platziert werden sollte.

Auf ein Startzeichen, das durch Sie erfolgt, geht's los. Die beiden Teams dürfen nun so schnell wie möglich alle Papierschnipsel vom Boden aufsammeln und in ihren Papierkorb legen. Das geht so lange, bis kein Schnipsel mehr auf dem Boden zu finden ist.

Im Anschluss daran dürfen beide Teams nachschauen, welcher Papiereimer am besten mit den Papierschnipsel gefüllt werden konnte.

Variante:

Im Gegensatz zu dem vorherigen Spiel darf immer nur ein Papierschnipsel allein aufgehoben und in den Papierkorb gelegt werden. Wer jedoch mehrere Papierschnipsel aufhebt, darf auf Ihre Anweisung hin dreimal in die Hände klatschen, sodass die Papierschnipsel automatisch wieder auf den Boden fallen.

Das Spiel ist aus, sobald kein Papierschnipsel mehr auf dem Boden liegt.

Die beiden Teams vergleichen ihre Ausbeute und sind gespannt, wer von ihnen die meisten Papierschnipsel aufheben und in seinen Papiereimer legen konnte.

Miteinander möglichst viel innerhalb kurzer Zeit erreichen – das können die Kinder üben, indem sie auf verspielte Weise in Bewegung kommen, Hand in Hand arbeiten und dabei stets ihr gemeinsames Ziel vor Augen haben. Besonders spannend wird das Ganze, wenn mehrere Teams gegeneinander antreten und dabei jede Menge Spielspaß haben.

Auf die Bälle! Jetzt geht's los!

Alter: ab 4 Jahren

Material: für jedes Paar 3 kleine Softbälle, 1 Stoppuhr oder Uhr mit Sekundenzeiger und 1 Trillerpfeife; evtl. für jedes 4er-Team 4 kleine Softbälle

Zeitaufwand: 3 Minuten

Spielort: Tisch

Spielverlauf:

Immer zwei Kinder holen sich drei kleine Softbälle und knien oder setzen sich einander gegenüber direkt vor einen Tisch.

Auf Ihr Kommando „Auf die Bälle! Jetzt geht's los!" dürfen sich alle 2er-Teams ihre Bälle auf dem Tisch gegenseitig zurollen. Sollte jedoch ein Ball vom Tisch auf den Boden fallen, darf der Ball nicht mehr aufgehoben werden.

Nach drei Minuten pfeifen Sie das Spiel ab. Welches Team hat einen, zwei oder gar noch drei Bälle auf dem Tisch liegen? Im letzten Fall handelt es sich um den ersten, im zweiten Fall um den zweiten und im dritten Fall um den dritten Platz. Sollte jedoch ein 2er-Team nichts mehr auf seinem Spielfeld bzw. Tisch haben, bekommen sie den vierten Platz.

Variante:

Im Gegensatz zu dem vorherigen Spiel befinden sich immer zwei Kinder direkt vor einer und zwei weitere gegenüber auf der anderen Tischseite.

Zudem befinden sich vier kleine Softbälle auf dem Spielfeld bzw. auf dem Tisch. Ansonsten verläuft alles so wie im vorherigen Spiel beschrieben.

4er-Teams, die am Ende noch einen Ball haben, erhalten den 4. Platz. Sollten sich jedoch zwei Bälle auf dem Tisch befinden, gibt es den 3. Platz, bei drei Bällen den 2. Platz und bei vier Bällen den 1. Platz. Wer jedoch keinen Ball mehr zur Verfügung hat, erhält von Ihnen einen lieb gemeinten 5. Platz.

An einer Sache gemeinsam dranbleiben und dabei stets das Ziel im Hinterkopf zu haben, fördert den Teamgedanken, aber auch die Konzentration und Ausdauerbereitschaft. Mithilfe des Geschicklichkeitsspiels gelingt das ohne viel Zutun, jedoch mit ganz viel Freude.

Tanzgruppe bilden

Alter: ab 3 Jahren

Material: Tanzmusik, 1 Pokal o. Ä.

Zeitaufwand: 3–5 Minuten

Spielort: Gruppenraum

Spielverlauf:
Zum Rhythmus der Musik tanzen zwei Kinder Hand in Hand vor den Kindern herum, die allesamt mit dem Rücken vor einer freien Wand stehen. Sobald jedoch die Musik stoppt, rufen Sie ein anderes Kind namentlich auf, das sich zu den beiden Kindern gesellen darf. Schalten Sie nun die Musik wieder ein, sodass jetzt drei Kinder im Takt Hand in Hand im Kreis herum tanzen können. Das geht wieder so lange, bis Sie erneut die Musik stoppen und ein weiteres Kind aufrufen, das nun auch mit der Gruppe tanzen darf.
Auf diese Weise geht's immer weiter, bis entweder alle Kinder Hand in Hand im Takt zur Musik tanzen oder irgendwann ein Kind ein anderes loslässt. Im letzten Fall fängt das Spiel mit einem neuen Kind von vorne an. Den Tanzpokal bekommt die Gruppe nämlich erst dann von Ihnen überreicht, wenn alle Kinder als Team Hand in Hand tanzen.

Variante:
Alle Kinder tanzen Hand in Hand im Takt zur Musik links im Kreis herum. Stoppt die Musik, rufen Sie zwei Kinder auf, die das Tanzteam verlassen. Schalten Sie dann wieder die Musik ein. Während nun die übrigen Kinder wieder Hand in Hand im Uhrzeigersinn tanzen, dürfen die Zwei sich auf ihre Stühle setzen und im Takt zur Musik klatschen, auf den Boden stampfen oder gar mit den Händen auf die Oberschenkel patschen. Das geht wieder so lange, bis die Musik stoppt und Sie zwei oder gar drei weitere Kinder vom Tanzteam in das Orchester holen, sodass in diesem Fall ein immer größeres Orchester gebildet wird.
Das Spiel ist erst beendet, wenn alle Kinder im „Orchester" sitzen und somit die Musik mit ihrem Körper als Instrument begleiten.

Ein Team kann wachsen oder sich verändern, indem Personen hinzukommen oder das Team wieder verlassen. Eindrucksvoll können die Kinder das durch das Tanzspiel erleben, bei dem sich das Tanzteam zusehends vergrößert oder die Kinder nach und nach ihr Tanzteam verlassen, um sich im Orchester wieder zusammenzufinden, sodass sie sich gemeinsam musikalisch neu orientieren können.

Sonne, Mond und Sterne

Alter: ab 4 Jahren

Material: 8–12 unbedruckte Bierdeckel, Wachsmalstifte

Zeitaufwand: 3–5 Minuten

Spielort: Tisch

Spielverlauf:
Für dieses Spiel brauchen Sie ein paar unbedruckte Bierdeckel, auf denen sie jeweils ein bestimmtes Motiv, wie z. B. eine Sonne, einen Regenbogen, einen Mond, einen Stern, einen Blitz oder gar Regentropfen malen. Danach zählen sie jedes zweites Kind, das am Tisch sitzt. Am Ende gibt es jeweils ein Team, bestehend aus Kindern mit geraden oder ungeraden Zahlen.
Zu Beginn benennen Sie etwas Bestimmtes, das auf einem Bierdeckel abgebildet ist. Welches der Kinder reagiert schnell und patscht mit der flachen Hand auf das gesuchte Motiv? Dasjenigen Kind, dem das gelingt, verhilft seinem Team zu einem Punkt.
Im Anschluss daran beginnt eine neue Spielrunde, bei der Sie das Gleiche oder etwas Neues, das wieder auf einem der Bierdeckel abgebildet ist, benennen. Wer jetzt wohl am schnellsten reagiert und mit der flachen Hand auf das gesuchte Motiv patscht?
Das Rennen macht dann das Team, das nach ein paar Spielrunden als Erstes zehn Punkte ergattert hat.

Variante:
Anstelle etwas, das auf einem Bierdeckel abgebildet ist, zu benennen, beschreiben Sie das Motiv. Ansonsten verläuft das Spiel so wie bereits beschrieben.

Die Kinder sollen als Team gegen ein anderes Team antreten. Bei dieser Praxisidee sind jedoch nicht die körperliche Geschicklichkeit, sondern die visuelle und auditive Wahrnehmung sowie das Reaktionsvermögen gefragt.

Detektei Gelb, Rot und Blau

Alter: ab 5 Jahren

Material: 1 gelbes, rotes und blaues rundes Faltblatt (z. B. Ø 20 cm), 1 Stoppuhr oder Uhr mit Sekundenzeiger, 1 Trillerpfeife; evtl. 3 unbedruckte Bierdeckel o. Ä. und 1 Stift

Zeitaufwand: 3 Minuten

Spielort: Gruppenraum

Spielverlauf:
Zu Beginn wählen Sie drei Kinder aus, die abwechselnd jeweils ein Kind zu sich her bitten, sodass es dann drei gleich große Teams gibt. Jedes Team erhält von Ihnen eine Farbe und ist entweder für die rote, gelbe oder blaue Detektei tätig. Auf einen Tisch legen Sie für jede Detektei noch ein weiteres rundes Faltblatt in der gleichen Farbe.
Erfolgt der Startpfiff Ihrerseits, laufen die kleinen Detektive und Detektivinnen los und machen sich im Gruppenraum auf die Suche nach kleinen Gegenstände, die farblich zu ihrer Detektei und auf ihr rundes Faltblatt platziert werden können.
Nach drei Minuten pfeifen Sie das Spiel ab. Welches Team hat wohl die meisten kleinen Gegenstände auf seinem Faltblatt liegen? Es zählen jedoch nur einfarbige Gegenstände, die zu der Farbe ihres Faltblatts auf dem Tisch passen. Alle übrigen Gegenstände, die vielleicht die gesuchte Farbe, jedoch auch noch andere aufweisen, dürfen nicht gezählt werden. Das gilt auch für die farblich richtig ausgewählten Gegenstände, die jedoch aufgrund ihrer Größe nicht auf das Faltblatt passen.
Wurden alle Gegenstände wieder aufgeräumt, können die Kinder das Spiel wiederholen. Dabei tauschen sie jedoch ihre Farben untereinander aus, sodass jedes Team dann für eine neue Farbe zuständig ist.

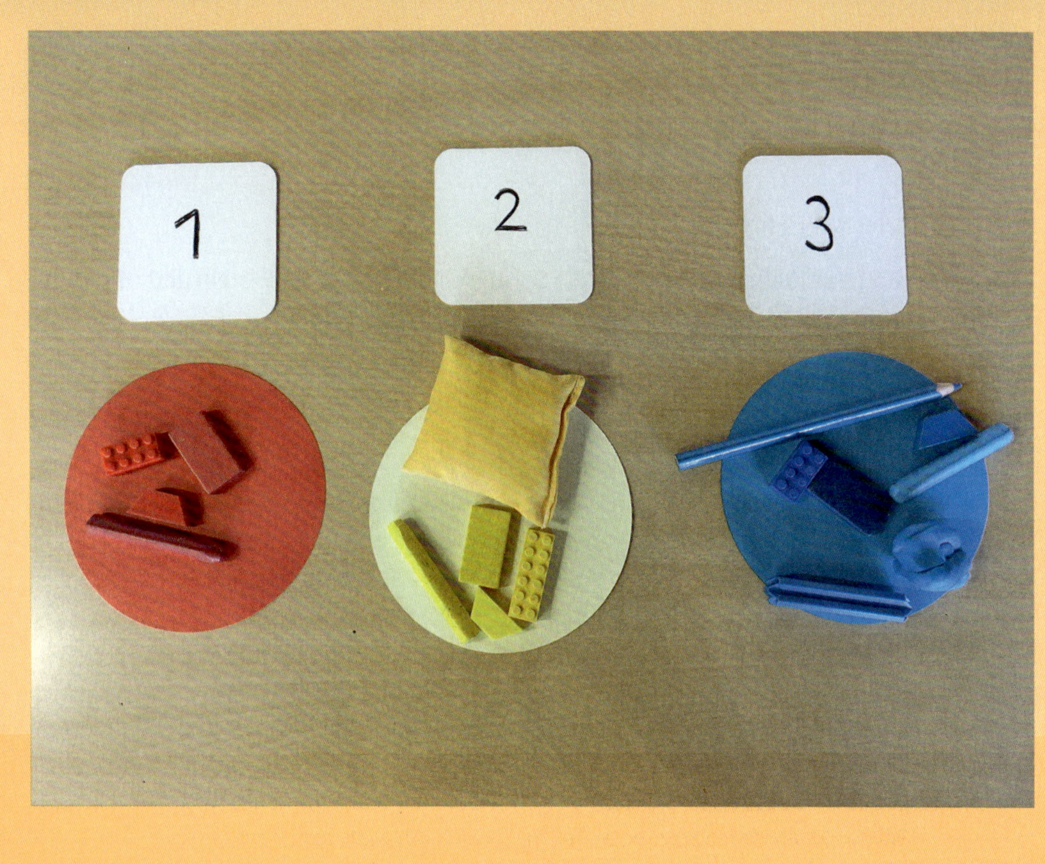

Sich aufeinander verlassen, gegenseitig helfen und gemeinsam auf die Suche nach Antworten machen, sind grundlegende Dinge, die ein starkes Team ausmachen und die die Kinder nun auf verspielte Weise gemeinsam üben können. Bei diesem Suchspiel können Sie zusätzlich jedem Team eine Nummer geben, sodass die Kinder auch wissen, wie viele Teams unterwegs sind bzw. mitmachen.

Team Quiz Ideen

Alter: ab 5 Jahren

Material: Klebepunkte, je 1 Ball, 1 Springseil, 1 Bauklotz, Spielstein und 1 Sanduhr

Zeitaufwand: 5–10 Minuten

Spielort: Tisch

Spielverlauf:
Die Kinder bilden 2er-Teams und setzen sich zusammen an einen Tisch, auf dem Sie die o. g. Dinge legen. Sie nehmen nun z. B. einen Ball, überlegen sich, was ein Team damit anfangen kann und stellen dazu z. B. die Frage:

„Wer kennt ein Mannschaftsspiel für das ein Ball benötigt wird?"

Eines der Kinder, das besonders schnell aufsteht, erhält von Ihnen das Wort. Wurde eine richtige Antwort, wie z. B. Fuß-, Hand-, Basket-, Volley- oder gar Völkerball gegeben, übergeben Sie dem betreffenden 2er-Team den Ball. Ansonsten kleben Sie direkt vor den übrigen 2er-Teams jeweils einen Punkt auf den Tisch und lassen einfach den Ball auf dem Tisch liegen. Auf die gleiche Weise kommen alle Sachen irgendwann zum Einsatz.
Wurden alle Sachen verteilt, zählen alle 2er-Teams ihre Gegenstände und Klebepunkte zusammen und sind gespannt, welches 2er-Team die Nase vorne hat.

Weitere Beispiele:
Seil: „Wie nennt man die Mannschaftssportart, bei der zwei gleich starke Teams in entgegengesetzten Richtungen an einem Seil ziehen?"
Antwort: „Tau- oder Seilziehen!"
Bauklotz: „Was kann man mit den Bauklötzen zusammen bauen?"
Mögliche Antwort: „Einen hohen Turm!"
Spielstein: „Wer kennt ein kooperatives Tischspiel?"
Mögliche Antwort: „Obstgarten"
Sanduhr: „Kann man als Team auch gegen die Zeit spielen?"
Antwort: „Ja!"

Gegen ein andere Teams anzutreten und dabei das eigene Wissen auf den Prüfstand zu stellen, trainiert das Gedächtnis, fördert die Kommunikation und nicht zuletzt den Teamgedanken. Derartige Spiele, bei denen sich alles um die kognitiven Fähigkeiten dreht, eignen sich insbesondere für Kinder kurz vor ihrem Schuleintritt.

Wo landen die Luftballons?

Alter: ab 3 Jahren

Material: 3 Luftballons, 1 Luftballonpumpe, 1 Stoppuhr oder Uhr mit Sekundenzeiger

Zeitaufwand: 3–5 Minuten

Spielort: Stuhlkreis

Spielverlauf:
Die Kinder bilden einen engen Stuhlkreis und ziehen ihre Schuhe aus. Währenddessen blasen Sie drei Luftballons auf. Einen davon werfen Sie in den Innenkreis. Auf ein Startzeichen von Ihnen hin dürfen die Kinder sich nun eine Minute lang den Luftballon gegenseitig mit den Füßen zuspielen. Dabei darf der Luftballon nicht außerhalb des Stuhlkreises gelangen. Ansonsten fängt das Spiel mit dem Luftballon von vorne an. Falls jedoch die Aufgabe gelingen sollte, werfen Sie einfach einen weiteren Luftballon ins Spielfeld. Schafft es die Gruppe als Team, beide Luftballons eine weitere Minute im Spielfeld zu halten? Falls ja, kommt ein dritter Luftballon dazu, den Sie ebenfalls in Richtung Innenkreis werfen.
Das Spiel ist aus, sobald sich die Kinder drei Luftballons eine Minute lang gegenseitig mit den Füßen zuspielen können.

Variante:
Im Gegensatz zu dem o. g. Spiel knien sich die Kinder im Kreis einfach hin. Dabei werfen sie sich vom Platz aus zunächst einen Luftballon gegenseitig zu und zwar so, dass der Luftballon nach Möglichkeit nicht aus dem Innenkreis herausfliegen kann. Schaffen es die Kinder als Team, die Aufgabe eine Minute lang durchzuhalten? Falls ja, kommt so wie im vorherigen Spiel ein zweiter und nach einer weiteren Minute, falls es gelingen sollte, ein dritter Luftballon dazu.

Wie sich ein Team leistungsmäßig steigern und dabei auch schwierigere Aufgaben meistern kann, wird den Kindern durch dieses Luftballonspiel verdeutlicht. Gleichzeitig erfahren sie jedoch auch, dass Rückschläge durchaus normal sind. Ein starkes Team wird sich jedoch davon nicht so schnell entmutigen lassen und somit das gemeinsame Ziel stets im Auge behalten.

Weniger Streit und mehr Freude

Spielerisch faires Streiten und sich vertragen lernen

Kindergartenkinder können relativ schnell wegen Kleinigkeiten streiten. Das kann z. B. ein begehrtes Spielzeug sein, das sie mit anderen ungern teilen möchten. Ein Streit kann jedoch auch aus Langeweile, aufgrund fehlender Aufmerksamkeit, vor Hunger, Müdigkeit und Eifersucht von Kindern angezettelt werden. Dabei können Kinder ihre Konflikt genauso schnell wieder beenden, indem sie z. B. nachgeben, sich gegenseitig erst einmal die kalte Schulter zeigen oder gar den anderen ihre Hand zur Versöhnung reichen. Deshalb ist es ratsam, den Kindern erst einmal ausreichend Gelegenheit zu geben, ihre Konflikte selbst zu regeln. Sollte jedoch bei einem Streit der rote Faden überschritten werden, besteht sofort Handlungsbedarf. Das trifft vor allem dann zu, wenn Kinder sich gegenseitig obszön beschimpfen, an den Haaren ziehen, schubsen, treten, schlagen oder dergleichen.
In diesem Kapitel soll den Kindern auf verspielte Weise bewusst gemacht werden, weshalb sie manchmal streiten. Dabei sollen sie auch erkennen, dass Konflikte durchaus normal sind. Spielerisch wird ihnen gezeigt, was sie auf jeden Fall tun sollten, um miteinander fair streiten zu können. Dabei üben sie unter anderem, nicht einfach auszurasten, sobald ihnen etwas nicht in den Kram passt. Miteinander lernen sie über das, was sie stört, zu sprechen und zwar ohne sich ständig gegenseitig ins Wort zu fallen. Das ist natürlich nicht immer so einfach und bedarf viel Übung und Zeit. Dennoch sollten Kinder von klein auf erfahren, weshalb man nicht nur auf Kosten anderer seine Bedürfnisse, Interessen und Ideen durchsetzen sollte. Indem sie lernen, nicht nur auf ihrem Recht zu bestehen, sondern auch gemeinsam Kompromisse einzugehen, werden alle letztendlich nur davon profitieren.

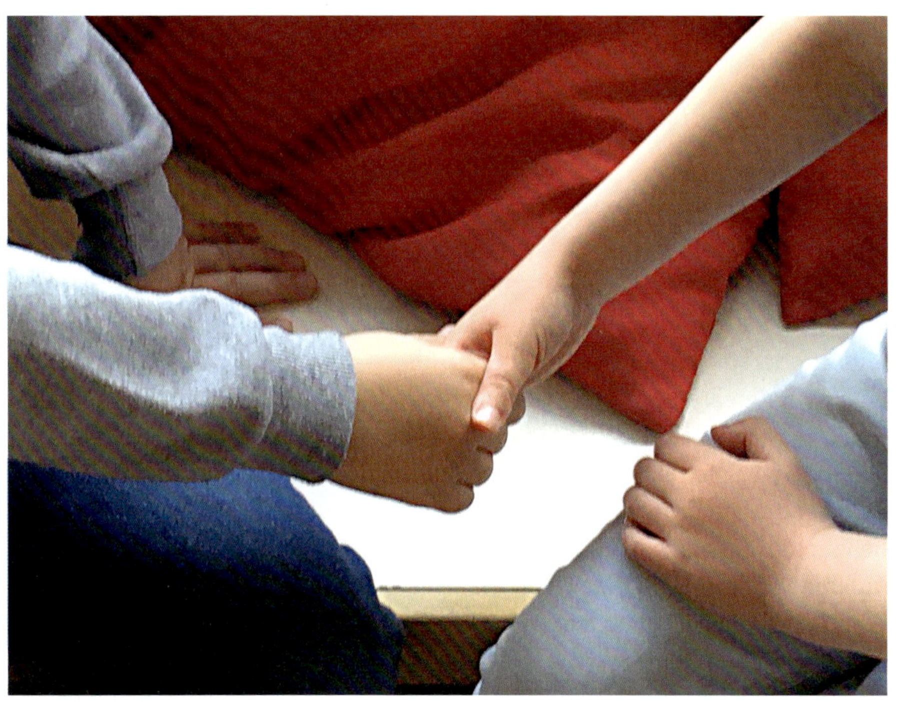

„Gebrauche nie ein hartes Wort, wo ein glimpfliches seinen Dienst tut."

Johann Peter Hebel (1760–1826), deutscher Schriftsteller, Dichter, evangelischer Theologe und Pädagoge

Worüber streitet ihr?

Alter: ab 4 Jahren

Material: verschiedene Streitobjekte, wie z. B. Spiel-, Mal- und Bastelsachen und Rhythmusinstrumente, 1 kleiner Tisch

Zeitaufwand: 3–5 Minuten

Spielort: Stuhlkreis

Spielverlauf:
Die Kinder bilden einen Stuhlkreis, in dessen Mitte Sie einen kleinen Tisch stellen. Miteinander sollen die Kinder überlegen, über welche Dinge sie schon einmal mit einem oder mehreren Kindern gestritten haben. Dabei kann es sich aber auch um einen Streit handeln, den sie lediglich beobachtet haben. Vielleicht hat es sich dabei um ein Spielzeug gehandelt, das zwei Kinder ihrer Meinung nach zuerst gehabt haben. Es kann aber auch nur ein Wachsmalstift sein, von dem zwei Kinder behaupten, dass es ihrer sei.
Auf Ihre Bitte hin macht sich nun jedes Kind im Gruppenraum auf die Suche nach etwas Bestimmtem, das schon einmal ein Streitpunkt zwischen den Kindern gewesen ist. Zurück im Stuhlkreis, dürfen die Kinder im Uhrzeigersinn nacheinander ihre Sachen herzeigen und, falls sie möchten, kurz erzählen, wie es zu dem Streit gekommen ist.
Erst wenn alle an der Reihe gewesen sind, legen sie ihre Gegenstände auf den Tisch, sodass die Kinder allein schon durch die große Anzahl an Gegenständen erkennen, dass es viele Gründe für einen Streit geben kann, die häufig nicht lohnenswert sind.

Es gibt viele Dinge, über die man sich streiten kann. Machen Sie den Kindern mithilfe von verschiedenen Gegenständen auf dem Tisch bewusst, dass es viel schöner ist, miteinander die Sachen zu benutzen, als ohne Freunde zu sein.

Warum Tiere streiten

Alter: ab 5 Jahren

Material: 3 kleine Enten aus Holz, Stoff, Pappe o. Ä., ein paar blaue Chiffontücher

Zeitaufwand: 5–6 Minuten

Spielort: Tisch

Spielverlauf:
Alle Kinder sitzen zusammen am Tisch, auf dem sie blaue Chiffontücher ausbreiten. Drei Kinder erhalten jeweils eine kleine Spielzeugente, die auf dem See schwimmen und miteinander streiten. Dabei singen alle zu der bekannten Melodie „Alle meine Entchen" den folgenden geänderten Text:

„Alle meine Entchen
streiten auf dem See,
streiten auf dem See.
Schnattern immer lauter,
warum streiten sie?"
(Diese Zeile etwas lauter singen!)

Danach dürfen die Kinder, die jeweils eine Ente in der Hand halten, so laut wie Enten schnattern. Sobald Sie jedoch die Hand heben, verstummt das Geschrei. Fragen Sie die Kinder, worüber sich die Enten streiten können. Diejenigen Kinder, die etwas dazu sagen möchten, melden sich per Handzeichen und werden von Ihnen der Reihe nach aufgerufen. Mögliche Antworten können z. B. sein: Zwei Enten brüten zur gleichen Zeit ihre Küken aus, sodass es Streit um den Nachwuchs geben kann. Es kann aber auch ein heftiger Kampf um die Weibchen sein, die die Erpel auswählen. Außerdem kann Futterneid zum Streit führen.
Machen Sie den Kindern bewusst, dass Streit auch unter Tieren vorkommen kann. Dabei streiten manche Tiere z. B., um ihr Revier zu verteidigen, die Beute und Partner für die Fortpflanzung.

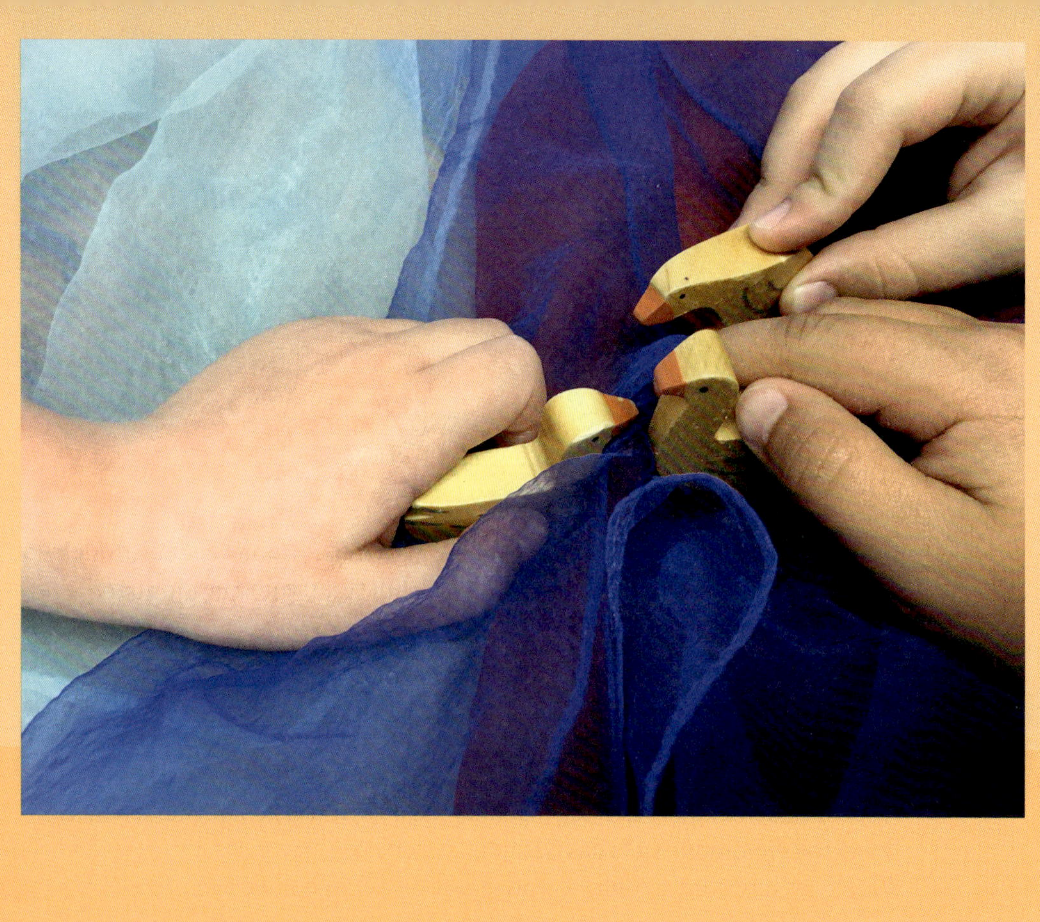

Streit kann es auch im Tierreich geben. Dabei verlaufen solche Kämpfe bei vielen Tierarten nach festen angeborenen Regeln ab, sodass möglichst kein Tier ernsthaft zu Schaden kommt. Erklären Sie den Kindern an dieser Stelle, dass es in der Gruppe auch Regeln für ein gutes Miteinander gibt, wie z. B. freundlich aufeinander zugehen, fair miteinander streiten und sich entschuldigen, falls erforderlich.

Wohin mit der Wut?

Alter: ab 5 Jahren

Material: 1 Kissen, 1 Ball, 1 Stück Knetmasse, 1 Springseil, 1 kleiner Tisch

Zeitaufwand: 5 Minuten

Spielort: Stuhlkreis

Spielverlauf:
Die Kinder sitzen zusammen im Stuhlkreis, in dessen Mitte Sie auf einem kleinen Tisch z. B. ein Kissen, einen Ball, einen Stück Knetmasse und ein Springseil platziert haben.
Miteinander machen sie sich Gedanken darüber, was sie tun können, wenn sie aufeinander wütend sind und sich abreagieren wollen. Dabei sollen sie jeweils einen Gegenstand, der auf dem Tisch liegt, in ihre Überlegungen einbeziehen. Die Kinder dürfen sich der Reihe nach im Uhrzeigersinn dazu äußern und, falls sie möchten, auch mithilfe des Gegenstands zeigen, wie das konkret aussehen kann. Dabei soll die Gruppe stets das Gesagte wiederholen, bevor das nächstes Kind etwas Neues hinzufügt. Mögliche Antworten können sein: Gegen ein Kissen boxen, einen Ball auf den Boden prellen, einen Ball gegen die Wand werfen, ein Stück Knetmasse fest zusammendrücken, Seilspringen etc.

Variante:
Eines der Kinder sucht sich in Gedanken einen Gegenstand aus, der auf dem kleinen Tisch in der Kreismitte steht. Das Kind stellt dann pantomimisch dar, wie es z. B. ein Kissen vor Wut mit beiden Händen fest zusammendrückt. Die übrigen Kinder sollen erraten, was das Kind gegen seine Wut im Bauch gerade tut und um welchen Gegenstand es sich hierbei handelt. Wurde das Rätsel gelöst, ruft das Kind ein anderes Kind auf, das das Spiel auf die gleiche Weise fortsetzt.
Das Spiel ist aus, sobald den Kindern nichts Passendes mehr dazu einfällt.

Mithilfe von einfachen Gegenständen, wie z. B. ein Ball und ein Stück Knetmasse, lassen sich Wut und Ärger schnell und stressfrei abbauen, sodass Aggressionen, die jedes Kind schon einmal gehabt hat, nicht zwangsläufig ausarten müssen. Wie das konkret aussehen kann, soll den Kindern mithilfe der Praxisidee „Was tun gegen Wut“ bewusst gemacht werden.

Es kann nur noch schöner werden

Alter: ab 5 Jahren

Material: für jedes Kind 1 DIN-A3-Blatt Papier in Weiß, Wachsmalstifte

Zeitaufwand: 10–15 Minuten

Spielort: Tisch

Spielverlauf:
Die Kinder holen ihre Malutensilien, setzen sich zusammen an einen Tisch. Miteinander überlegen sie, wie das Wetter wohl sein wird, wenn es draußen stark geregnet, gehagelt oder gar heftig geblitzt und gedonnert hat. Die Aufgabe der Kinder besteht darin, jeweils ein Bild, auf dem die strahlende Sonne, ein blauer Himmel oder gar ein farbenfroher Regenbogen zu sehen ist, zu malen.
Anschließend dürfen die Kinder der Reihe nach im Uhrzeigersinn ihre Werke vorstellen und sagen, welche Gefühle und Erlebnisse sie damit verbinden. Das kann z. B. das fröhliche Spielen und Toben unter blauem Himmel sein. In diesem Zusammenhang können Sie den Kindern erklären, dass es bei einem Streit so ähnlich wie bei einem Unwetter zugeht, das sich manchmal auch ganz schnell wieder verziehen kann. Das altbekannte Sprichwort „Jedes Gewitter reinigt die Luft!“ bringt es an dieser Stelle auf den Punkt und macht den Kindern bewusst, dass es eigentlich nur noch aufwärts gehen kann, falls ein Schaden, der durch das Unwetter entstehen kann, nicht allzu groß ist. Somit ist es nach einem Streit auch möglich, dass alle einen Schritt aufeinander zugehen, Kompromisse eingehen und sich wieder vertragen.

Wenn man ein emotionales Tief hat, glaubt man oft nicht daran, dass es wieder besser werden kann. Das trifft auch zu, wenn zwei oder mehrere Kinder einen heftigen Streit haben. Spielerisch soll jedoch den Kindern verdeutlicht werden, dass selbst nach einem Unwetter und somit auch nach einem heftigen Streit sich alles wieder zum Guten wenden kann.

Wer kann gut zuhören?

Alter: ab 4 Jahren

Material: 1 Sanduhr oder 1 Küchentimer, 1 Stück Schnur für jedes Kind, 1 grünes rechteckiges Tonpapier (z. B. 16 × 8 cm), für alle Kinder, außer einem, 1 rotes rechteckiges Tonpapier (z. B. 16 × 8 cm), 1 Locher

Zeitaufwand: 5–10 Minuten

Spielort: Stuhlkreis

Vorbereitung:
Zunächst machen Sie auf der langen Seite eines jeden Rechtecks aus Papier zwei Löcher, durch die Sie dann ein Stück Schnur ziehen, das Sie zu einer Kette verknoten.

Spielverlauf:
Die Kinder bilden nun einen Stuhlkreis.
Eines der Kinder, das einen Streit mit einem anderen hat, darf sich die Kette mit dem grünen Papier um den Hals hängen. Alle übrigen erhalten jeweils eine Kette mit einem roten Papier. Drehen Sie nun eine Sanduhr um, die Sie in die Kreismitte stellen. Das Kind mit dem grünen Papier darf sich nun so lange ungestört alles von der Seele reden, bis der Sand durchgerieselt ist. Sollte es trotzdem unterbrochen werden, macht es auf sein grünes Faltpapier aufmerksam.
Danach darf ein anderes Kind sich zu dem Konflikt äußern, sobald es seine Kette mit dem vorherigen Kind tauschen konnte. Dabei drehen Sie in der Kreismitte erneut die Sanduhr um.
Auf diese Weise kommen alle Kinder, die etwas dazu zu sagen haben, irgendwann einmal zu Wort.

Bei dieser Praxisidee lernen die Kinder, mithilfe von Farben wichtige Gesprächsregeln insbesondere bei einem Konflikt einzuhalten. Die Kinder üben, sich gegenseitig zuzuhören, miteinander höflich und respektvoll umzugehen und somit anderen nicht einfach ins Wort zu fallen.

Kann man so einen Streit beenden?

Alter: ab 4 Jahren

Material: –

Zeitaufwand: 3–5 Minuten

Spielort: Stuhlkreis

Spielverlauf:
Alle Kinder sitzen zusammen im Kreis.
Eines der Kinder, das Sie namentlich benennen, tut so, als ob es mit seinem linken Nachbarkind einen Konflikt hat. Es möchte jedoch den Streit beenden und wendet sich deshalb dem betreffenden Kind zu, das jedoch nicht gesprächsbreit ist und sich deshalb von ihm abwendet. Dabei kann es in die andere Richtung schauen und sich mit beiden Händen die Ohren zuhalten. Kurz darauf beenden Sie das Rollenspiel und fragen das Kind, wie es ihm dabei ergangen ist, so schlecht behandelt zu werden. Das Kind wird garantiert erzählen, dass ein solches Verhalten nicht gerade schön ist und es dabei vielleicht sogar wütend wird. In diesem Zusammenhang sollten Sie den Kindern bewusst machen, dass ein Streit nur dann geklärt werden kann, wenn beide Kontrahenten aufeinander zugehen, sich gegenseitig zuhören und miteinander nach Lösungen suchen.

Variante:
Im Gegensatz zu dem o. g. Spiel geht ein Kind rückwärts in Richtung eines anderen Kindes. Dabei sagt es laut:

„Ich schaue dich gar nicht an, was passiert dann?“

Das betreffende Kind darf nun sagen, was es dabei empfindet, wenn es einfach nicht beachtet wird. Das können z. B. Wut, Zorn, Frust oder einfach Traurigkeit sein. Kann so ein Konflikt gelöst werden? Fragen Sie bei den Kindern so wie im vorherigen Spiel nach, wie man es ihrer Meinung nach besser machen sollte.

Mithilfe des Rollenspiels im Stuhlkreis wird den Kindern bewusst gemacht, dass ein Streit nur dann gelöst werden kann, wenn beide Parteien nicht nur auf ihrem Recht bestehen. Deshalb nützt es auch nichts, wenn nur einer von beiden kompromissbereit ist.

Streiten und sich wieder vertragen

Alter: ab 3 Jahren

Material: für jedes Kind 1 kleines Herz aus Papier, Pappe, Holz o. Ä.

Zeitaufwand: 3–5 Minuten

Spielort: Stuhlkreis

Spielverlauf:
„Nach einem Streit sich wieder vertragen,
ist eine schöne Sache, würde ich sagen!
Papierherz herzeigen.

Dabei sollten du und ich nicht nachtragend sein.
Das wäre ganz schön blöd und gemein.
Erst auf sich selbst, dann auf ein anderes Kind deuten.

Manchmal sollten wir einfach nachgeben
und nicht nur Schlechtes über andere reden.
Papierherz herzeigen.

Eine ehrliche Entschuldigung ist sehr gut.
Sie kommt von Herzen und bedarf Mut.
Sich gegenseitig zur Versöhnung die Hand reichen.

Nach einem Streit sich wieder vertragen,
ist doch schön oder was würdest ihr sagen?“
Papierherz zeigen und ringsherum auf die einzelnen Kinder deuten.

Im Anschluss dürfen die Kinder sich im Uhrzeigersinn der Reihe nach kurz zu der Frage äußern. Dabei hält immer dasjenige Kind, das gerade an der Reihe ist, ein Papierherz in der Hand. Auf diese Weise bestätigt so jedes Kind, wie schön es sein kann, wenn man sich nach einem Streit wieder versöhnt.

Eine Entschuldigung sollte von Herzen kommen und ernst gemeint sein. Spielerisch üben die Kinder das, indem sie ein Papierherz oder dergleichen verwenden, den dazu passenden Text aufsagen und sich zum Schluss auch gegenseitig per Handschlag entschuldigen.

Wir reichen uns die Hände

Alter: ab 3 Jahren

Material: –

Zeitaufwand: 2–3 Minuten

Spielort: Gruppenraum

Spielverlauf:
Die Kinder verteilen sich im Gruppenraum.
Zum Rhythmus des Trommelspiels, das durch Sie erfolgt, gehen alle im Gruppenraum herum. Stoppt das Trommelspiel, bilden die Kinder Paare.
Dabei schaut jedes Kind sein Partnerkind an. Miteinander sagen und machen sie dann Folgendes:

„Wir schauen uns erst freundlich an
Das Partnerkind freundlich anschauen.
und reichen uns die Hände dann.
Sich gegenseitig die Hände geben.

Das machen wir zur Begrüßung an jedem Tag.
Das machen wir nach jedem Streit, den niemand mag."
Auf sich gegenseitig deuten und dabei, falls beide möchten, sich gegenseitig umarmen.

Im Anschluss daran setzt das Trommelspiel wieder ein, zu dem die Kinder wieder so lange im Takt einzeln im Gruppenraum herumgehen, bis Sie erneut zu trommeln aufhören und dabei die Kinder Paare bilden.
Auf diese Weise finden noch ein paar Spielrunden statt.

Die Kinder können sich nicht nur zur Begrüßung, sondern auch zur Versöhnung gegenseitig die Hände geben. Dabei ist es stets wichtig, dass sie einander freundlich zugewandt sind, sich gegenseitig respektieren und wertschätzen. Mithilfe des Bewegungsspiels lässt sich das Ganze den Kindern gut vermitteln.

Den ersten Schritt machen

Alter: ab 4 Jahren

Material: 1 Handtrommel, für jedes Kind 1 Rhythmusinstrument, wie z. B. Klangstäbe, Schellenkranz und Rassel

Zeitaufwand: 3–5 Minuten

Spielort: Stuhlkreis

Spielverlauf:
Die Kinder sitzen zusammen im Stuhlkreis und erhalten von Ihnen jeweils ein Rhythmusinstrument. Danach holen Sie sich eine Handtrommel, die Sie dann passend zu der folgenden Klanggeschichte, die Sie vorlesen, zum Einsatz bringen:

Wie kann ich mich mit den anderen vertragen?
Das hörte man die Trommel ganze leise sagen.
Leise trommeln

Soll ich zu den Instrumenten einfach gehen?
Vielleicht wollen sie mich gar nicht sehen!
Mit den Fingerspitzen kreisförmig auf der Trommel reiben.

Dennoch möchte sie zu den Instrumenten gehen.
Vielleicht können sie die Trommel auch verstehen.
Leise trommeln

Die Instrumente spielen laut und voller Freude.
Mit der Trommel rechnete keiner von ihnen heute.
Alle Instrumente erklingen lassen.

Den ersten Schritt zu machen, gehört viel Mut.
Die Instrumente finden das jedoch sehr gut!
Alle Instrumente erklingen lassen

Miteinander spielen macht viel mehr Freude.
Deshalb vertragt euch miteinander, liebe Leute!
Alle Kinder legen ihre Instrumente beiseite, um einen geschlossenen Kreis zu bilden.

Mithilfe der Klanggeschichte wird den Kindern bewusst gemacht, dass es manchmal ganz schön schwer sein kann, auf den anderen zuzugehen, um sich wieder zu versöhnen. Dabei wird den Kindern aber auch gezeigt, dass es sich durchaus lohnen kann, wenn man nicht nur einfach stur bleibt und dabei auf bessere Zeiten hofft.

Aufeinander zugehen

Alter: ab 3 Jahren

Material: 6 Spielsteine (je 2 × in einer bestimmten Farbe), 1 Handtrommel; evtl. 4 Markierungskegel

Zeitaufwand: 3–5 Minuten

Spielort: Tisch; evtl. Gruppenraum

Spielverlauf:
Die Kinder holen sich jeweils einen Spielstein und setzen sich zusammen an einen Tisch.
Zum Rhythmus des Trommelspiels, das durch Sie erfolgt, bewegen die Kinder ihre Spielsteine nun kreuz und quer auf der Tischplatte herum. Sobald jedoch das Trommelspiel stoppt, sollen immer zwei Spielsteine in der gleichen Farbe direkt voreinander auf den Tisch platziert werden. Auf diese Weise soll verdeutlicht werden, dass beide gesprächsbereit und reumütig sind. Dabei sagen alle Kinder laut im Chor:

„Wir gehen freundlich aufeinander zu.
Entschuldigung sagen nun ich und du!“

Danach tauschen alle ihre Spielsteine, bevor das Trommelspiel wieder einsetzt und das Spiel erneut beginnt.
Nach ein paar Spielrunden ist das Spiel jedoch beendet.

Variante:
Im Gegensatz zu dem o. g. Spiel verteilen sich die Kinder auf einem überschaubaren Spielfeld, das Sie mithilfe von vier Markierungskegeln kennzeichnen können. Zum Rhythmus des Trommelspiels, das durch Sie erfolgt, gehen sie so lange auf dem Spielfeld herum, bis das Trommeln verstummt. Daraufhin gehen die Kinder freundlich aufeinander zu und bilden Paare. Miteinander sagen sie den o. g. Text, um sich dann gegenseitig per Handschlag zu entschuldigen.
Erst wenn das Trommelspiel wieder einsetzt, beginnt eine neue Spielrunde, bei der die Kinder wieder einzeln im Takt herumgehen.
Das Bewegungsspiel wird so noch ein paarmal fortgesetzt.

Bei diesem Tischspiel helfen die Spielfiguren den Kindern, aufeinander zuzugehen, um sich zu entschuldigen. Besonders gut gelingt das mit einem einfachen Spruch, den sich alle gut merken können und der im Alltag, sobald eine Entschuldigung angebracht ist, natürlich auch verwendet werden kann.

Anhang

Register

Literatur

Erkert, Andrea und Rusche, Heiner (2019): Bitte, danke, gern geschehen!: Gutes Benehmen in der Kita. Mit Liedern, Reimen und Spielen. Mit Musik-CD. München: Don Bosco

Erkert, Andrea und Rusche Heiner (2018): Alltagsrituale im Kindergarten: Lieder, Reime und Spiele von der Begrüßung bis zum Abschied, Mit Musik-CD. München: Don Bosco

Erkert, Andrea: Das Kreisspiele Buch (2007): Temporeiche und ruhige Spielideen für alle Gelegenheiten. Aachen: Ökotopia

Erkert, Andrea (2003): Das Stuhlpreisspiele Buch: Bewegte und ruhige Spielideen zu jeder Zeit und zwischendurch. Aachen: Ökotopia

Erkert, Andrea (2012): Die 50 besten Spiele zum Abbau von Aggressivität. München: Don Bosco

Erkert, Andrea (2021): Im Morgenkreis den Teamgeist wecken: Teamspiele für Kindergartenkinder leicht gemacht. Dortmund: verlag modernes lernen

Erkert, Andrea (2020): Lasst uns an einem Strang ziehen: Teambuilding-Spiele für Kinder im Alter von 5 bis 8 Jahren. Dortmund: verlag modernes Lernen

Erkert, Andrea (2009): Streiten, helfen, Freunde sein: Spiele, Lieder und anregende Angebote zur Förderung von Toleranz, emotionaler und sozialer Kompetenz in Kindergarten und Grundschule. Aachen: Ökotopia

Erkert, Andrea (2020): Tschüss, Ärger, Zorn und Wut: Spielerisch mit Wut und anderen negativen Emotionen umgehen lernen. Lahr: Kaufmann

Erkert, Andrea (2021): Wir bleiben cool: Spielerisch innere und äußere Störreizen ausblenden und sich selbst regulieren lernen. Lahr: Kaufmann

Faller Kurt und Faller, Sabine (2008): Kinder können Konflikte klären: Mediation und soziale Frühförderung im Kindergarten - ein Trainingsbuch. Aachen: Ökotopia

Grubert, Angelika (2021): Die 50 besten Spiele zur Selbstregulierung. München: Don Bosco

Hirler, Sabine (2018): Sozial-emotionale Entwicklungsförderung durch Rhythmik und Musik. Freiburg im Breisgau: Herder

Jungmann, Tanja und Koch, Katja und Schulz Andrea: Überall stecken Gefühle drin: Alltagsintegrierte Förderung emotionaler und sozialer Kompetenzen für 3- bis 6-jährige Kinder. München: Ernst Reinhardt

Koglin, Ute und Petermann, Franz (2013): Verhaltenstraining im Kindergarten: Ein Programm zur Förderung emotionaler und sozialer Kompetenzen. Göttingen: Hogrefe

Mayrhofer, Gertraud (2013): Ich schenke dir einen Tanz: Ein tanzpädagogisches Erlebnisbuch für Kiga und Grundschule. Inclusive CD. Aachen: Ökotopia

Pfeffer, Simone (2017): Sozial-Emotionale Entwicklung fördern: Wie Kinder in der Gemeinschaft stark werden. Freiburg im Breisgau: Herder

Petermann Franz und Wiedelbusch, Silvia: Emotionale Kompetenz bei Kindern (Klinische Kinderpsychologie). Göttingen: Hofgrefe

Portmann Rosemarie (2008): Die 50 besten Spiele für mehr Sozialkompetenz. München: Don Bosco

Portmann Rosemarie (2012): Die 50 besten Spiele für ein faires Miteinander. München: Don Bosco

Die Autorin

Andrea Erkert ist Erzieherin, Entspannungspädagogin, Dozentin und Fachlehrerin einer Grundschulförderklasse. Sie hat bereits zahlreiche spielpädagogische Bücher verfasst.

Fortbildungsanfragen: andrea.erkert@icloud.com

Raum für Notizen

Raum für Notizen

Raum für Notizen

Raum für Notizen

Ausgezeichnete Bücher für Ihre Praxis ...

die schönsten deutschen bücher · shortlist 2016

vml Perspektiven

Mariele Diekhof

Kita KITOPIA

Eine Reise ins Land der spannenden Pädagogik für PädagogInnen und Eltern
Ein Abenteuer-Fachroman der ganz besonderen Art

Dieses Buch beschreibt in faszinierend ungewohnter Art und Weise, wie gute Pädagogik in Kitas gelingen kann: mit erfolgreicher Bildungsarbeit, fernab vom Überaktionismus und der allgemein verbreiteten Angebotspädagogik. Es ist eine Einladung zu einer abenteuerlichen und spannenden Reise, die in ein aufregendes Land führt, in ein Land voller Phantasie, Zauberei, Bildung und Lebenslust. Alles spielt in der „KITOPIA", in einer virtuellen Kita, in der die Kinder Kind sein dürfen und von herzlichen und professionellen ErzieherInnen begleitet werden. Das Buch schenkt unzählige Einblicke hinter die Kulissen, weckt die Neugier und eröffnet völlig neue Denkansätze.

24 Türen warten darauf geöffnet zu werden: Hinter jeder Tür verbergen sich bunte Bilder, Begegnungen und inspirierende Geschichten, die zum Staunen, Lachen und Nachdenken anregen. Die Leser werden kleinen und großen Menschen begegnen, von ihren Träumen, Wünschen und Visionen erfahren und sie im alltäglichen Tun begleiten. Sie sind mittendrin im pulsierenden Alltag, spüren die Lebenslust und die Leichtigkeit.

(2016 in der Shortlist der Stiftung Buchkunst, als eines der schönsten Bücher Deutschlands.)

„Freiheit, Abenteuer, Lebenslust statt Förderwahn und Leistungsfrust! Es gibt noch viele interessante Ideen in dem Buch, z.B.: Die Tür zum Büro der Leitung, Die Tür zur Kinderkonferenz, Die Tür zur Eltern-Klön-Ecke. Ich bin so begeistert von diesem Konzept, dass ich jedem nur empfehlen kann, das Buch zu lesen und zu spüren, wie viel Leichtigkeit und Spaß die Arbeit in einem Kindergarten beinhalten kann." Britta Fichert, Theraplay – Schwierige Kinder Journal

„Es ist wohltuend, in der aktuellen Menge frühpädagogischer Literatur genau dieses Buch in den Händen zu halten. Es theoretisiert nicht herum, konzentriert sich von Anfang an auf die Praxis, folgt keinen dogmatischen Pädagogiktrends, läuft keiner bildungspolitischen Strömung hinterher und bringt stets das Wesentliche, ohne Umschweife, auf den Punkt." Dr. Armin Krenz, KiTa aktuell

4. Aufl. 2021, 320 S., zweifarbig, Format 16x23cm, Klappenbroschur

Isolde Albers / Anja Reincke

Zwei kleine Kreise gehen auf die Reise ...

Mal-Reime: Wie Hand und Mund sich helfen – Mit kognitiven Strategien und Kreativität zum Erfolg

Dies ist ein Buch für alle, die Kinder und Enkelkinder zum Malen verführen wollen. Das Besondere der Mal-Reime ist, dass zeitgleich gesprochen und gemalt wird. So entsteht Schritt für Schritt „mit Hand und Mund" ein schönes Bild, das mit Phantasie und Kreativität weiter ausgeschmückt werden kann. Ein wunderbares Buch, das kleine und große Künstler erfolgreich und stolz machen wird. Spaß und Freude am Prozess und am Ergebnis der Mal-Reime sind garantiert!

„Die Zeichnungen und Texte sind ganz einladend, ansprechend und liebevoll gestaltet. Da bekommt man sofort Lust loszuzeichnen!!! So ein Buch hat uns wirklich gefehlt. Endlich einmal sinnvoll und nicht so langweilige Grafomotorikblätter ..." Britta Winter, Ergotherapeutin

„Meine Enkelin (3) und ich haben einen Riesenspaß mit den 'Strich-Malereien'. Mein Sohn (Logopäde) ist ebenfalls begeistert." Leserstimme

„Ich bin begeistert von diesem Buch! Schon lange habe ich mir so etwas gewünscht. Herzlichen Dank den Autorinnen!" Erzieherin

3. Auflage 2019, 116 S., farbige Abb., Format DIN A4, Ringbindung, Alter: 4-99, **ISBN 978-3-8080-0734-1 | Bestell-Nr. 1606 | 18,80 Euro**

Ursula Hahnenberg / Daniela Diephaus

Das große Förder-Spiele-Buch 1

2-4 Jahre

Eltern, Erzieher und Therapeuten haben ein gemeinsames Ziel: sie wollen Kinder optimal auf die vielfältigen Anforderungen, mit denen sie heute täglich konfrontiert werden, vorbereiten. In diesem Buch werden fachkundig und verständlich Spiele, Basteleien und Beschäftigungsmöglichkeiten aufgezeigt, mit denen Wahrnehmung, Grob- und Feinmotorik, Kognition, Kreativität, Sprache und Persönlichkeit gefördert werden.

Hier werden einfache und kostengünstige Ideen für Kinder ab 2 Jahren vorgestellt, die ergotherapeutisch kommentiert und in der Praxis erprobt sind. Übersichtliche Darstellungen helfen dabei, schnell die richtige Beschäftigung für jede Gelegenheit zu finden. Ein unentbehrlicher Ideenratgeber für ErzieherInnen, TherapeutInnen und die ganze Familie!

„Das Buch ist meiner Meinung nach ideal geeignet für Eltern mit Kindern zwischen 2-4 Jahren. Alle Spiel- und Beschäftigungsideen kann man mit sehr geringem Material- und Zeitaufwand umsetzen.

Für alle Eltern, angehende Erzieherinnen und Krippenpersonal kann das Buch durch die Fülle und die Angebotsbreite eine sehr sinnvolle Ideensammlung sein." Daniela Pfaffenberger, Erzieherin

3. Aufl. 2019, 176 S., farbige Abb., 16x23cm, Klappenbroschur, Alter: 2-4
ISBN 978-3-938187-68-5 | Bestell-Nr. 9417 | 16,95 Euro

Schleefstraße 14, D-44287 Dortmund
Telefon 02 31 12 80 08, Fax 02 31 12 56 40
E-Mail: info@verlag-modernes-lernen.de
Leseproben und Bestellen im Internet: www.verlag-modernes-lernen.de